# Südtirol

W0388300

Reinhard Kuntzke

DUMONT direkt

# Inhalt

## Grüß Gott!


Südtirol im Internet 5
Willkommen 8
Geschichte 12
Gut zu wissen 14
Feste & Unterhaltung 18
Unterwegs mit Kindern 21
Übernachten 22
Essen & Trinken 24
Aktivurlaub 28
Reise-Infos **Notfall** → 32


## Zu Gast in Südtirol

### Orte von A bis Z


Bozen/Bolzano 38
Brixen/Bressanone 43
Bruneck/Brunico 47
Dorf Tirol/Tirolo 49
Eppan/Appiano 51
Gadertal/Val Badia 53
Gröden/Val Gardena/Gherdëina 56
Innichen/San Candido 59
Kaltern/Caldaro 61
Kastelruth/Castelrotto 63
Klausen/Chiusa 65
Lana 68
Mals/Malles 69
Meran/Merano 72
Naturns/Naturno 76
Neumarkt/Egna 77
Partschins/Parcines 79
Passeier Tal/Val Passiria 80

Blick über die Seiser Alm


Prags/Braies 81
Sarntal/Val Sarentino 82
Schenna/Scena 83
Schlanders/Silandro 84
Schnalstal/Val Senales 86
Sexten/Sesto 88
Sterzing/Vipiteno 89
Sulden und Trafoi/Solda e Trafoi 92
Tauferer Ahrntal/Valle di Tures e Aurina 93
Tiers/Tires 96
Toblach/Dobbiaco 97
Tramin/Termeno 100
Ultental/Val d'Ultimo 101
Villnöss/Funes 101
Völs/Fiè 102
Welschnofen/Nova Levante 104


## 12 Highlights


Südtiroler Archäologiemuseum 39
Meraner Höhenweg 50
Feinschmeckerrestaurants im Tal Alta Badia 55
Seiser Alm und Schlern 64
Romanische Fresken im Kloster Marienberg 69
Die mittelalterliche Altstadt von Glurns 71
Schloss Trauttmansdorff 73
Bletterbachschlucht 79
Schloss Juval 87
Bergbaumuseum Ridnaun-Schneeberg 91
Burg Taufers 94
Rosengarten – Felsgruppe der Dolomiten 97

# Extra-Touren

**Tour 1:** Rund um die Drei Zinnen 108
**Tour 2:** Mit dem Rad von Toblach nach Cortina 110
**Tour 3:** Ladinische Kultur am Sella-Stock 112
**Tour 4:** Auf den Spuren von Andreas Hofer 114
**Tour 5:** Die Waale des Vinschgau 116

# Stadtpläne

Bozen 40
Brixen 44
Meran 73

Register 118

Impressum/Fotonachweis 120

## 19 Reisetipps Südtirol

Deutsch sprechen 16
Egetmann-Umzug 19
Spirituelle Ferien 23
Qualitätsprodukte 25
Heubad 30
Immer an der Etsch entlang 38
Würstl am Stand 42
Tagesausflüge 45
Stegener Markt 48
Die Viles, die ladinischen Weiler 53
Kastelruther Spatzen 65
Meran zu Zeiten der Kaiserin Sissi 75
Auf Dürers Spuren 77
Klöckeln 82
Gletscherschafe 87
Atemberaubende Pass-Straße 92
Klasen 93
Dolomiten-Höhenwege 96
Wandern mit Hans Kammerlander 104

# Südtirol im Internet

Die Provinz südlich des Brenners ist sehr gut im Internet präsent. Nahezu jeder Ort besitzt eine eigene Homepage mit Infos zu Unterkünften, Sehenswürdigkeiten, Veranstaltungen, Ausflügen und Aktivitäten. Auch die meisten Hotels, Restaurants und Museen haben eigene Webseiten (siehe dazu die entsprechenden Einträge unter ›Orte von A bis Z‹). In der polyglotten Provinz Südtirol ist es eine Selbstverständlichkeit, dass alle Sites auf Deutsch, Italienisch und zumeist auch auf Englisch vorhanden sind.

**Landeskennung: .it**

Bei der Suche nach weiteren Südtirol-Hompages hilft die Suchmaschine **www.dolnet.it**

## Offizielle Info-Seiten

**www.suedtirol.info**
Offizielle Homepage der Südtirol Marketing Gesellschaft, des Tourismus-Dachverbandes, mit Infos und Links zu allen Tälern und Orten.

**www.provinz.bz.it**
Startseite des Südtiroler Bürgernetzes zu Politik, Verwaltung und Gesellschaft.

**www.provinz.bz.it/vmz**
Verkehrsbericht für Südtirol mit Stauwarnungen, Passsperren, Radarkontrollen.

## Touristisch

**www.stol.it**
Südtirol online – touristische Infos, Hotels, Reiseangebote.

**www.hoila.net**
Veranstaltungen, Restaurantführer, Busfahrplan.

**www.bobo.it**
Aktueller Veranstaltungskalender.

**www.provinz.bz.it/museenfuehrer**
Startseite für nahezu alle Südtiroler Museen.

**www.provinz.bz.it/natur/2803**
Infos über die Südtiroler Naturparks.

**www.ski-ferien.com**
Alle Skigebiete der Provinz.

## Landeskundliches

**www.suedtiroljournal.com**
Aktuelle Nachrichten für Südtirol.

**www.suedtirolerwein.com**
Wein, Weinanbau und Kellereien.

**http://zis.uibk.ac.at/stirol_doku/**
Dokumentensammlung der Universität Innsbruck zur Südtiroler Geschichte.

**www.altabadia.it/ladins/cap1dt.htm**
Infos über die jüngere Geschichte der ladinischen Sprach- und Kulturgruppe.

## Nachbarprovinzen

**www.trentino.to**
Tourismus-Homepage der Nachbarprovinz Trentino.

**www.dolomiti.com/frames/apt1.html**
Tourismus-Homepage der Nachbarprovinz Belluno.

## … und das Wetter

**www.provinz.bz.it/wetter/suedtirol.htm**

# Grüß

Am Brenner fängt der Süden an. Bei Sterzing grüßen die ersten Burgen als Zeugnisse der reichen mittelalterlichen Vergangenheit, und im Brixener Talkessel sind die ersten Weinstöcke und Zypressen zu sehen. Über dem engen Eisacktal blitzen hinter tiefen Wäldern und weiten Almen die Grate und Zacken der Dolomiten hervor, die jedes Wanderer- und Bergsteigerherz höher schlagen lassen. Bei

# Gott

Bozen wird das Land ganz weit und licht. Cappuccino und gelato locken in den Bars der Altstadt. Spaghetti al ragù, Schweinsbraten mit Knödeln, polenta con funghi, Apfelstrudel und tiramisu stehen auf den Speisekarten der Restaurants. Und hinter der Salurner Klause des Südtiroler Unterlandes meint man die Ebenen Norditaliens und das Mittelmeer bereits zu ahnen.

Kloster Neustift

# Willkommen

Südtirol ist klein. Ruckzuck ist die nördlichste Provinz Italiens durchfahren. Vom Brenner im Norden bis zur Salurner Klause im Süden sind es auf der Autobahn gerade einmal gute 100 Kilometer. Kaum mehr als eine Stunde sind dafür nötig. Außer, wenn sich die Blechkarawane wieder einmal staut. So brausen denn auch viele Urlauber auf dem Weg zu Italiens Küsten ohne Stopp durch die Provinz an Eisack und Etsch.

Und verpassen viel. Wer einmal in Bozen – sei es auf der Hin- oder der Rückfahrt – die Autobahn oder den Eurocity verlassen hat und mit der Seilbahn auf das Hochplateau des Ritten schwebt, dem geht das Herz auf. Die sommerlich-ausgedörrten Landstriche Italiens und die schwüle Hitze sind im Nu vergessen. Oben auf dem Ritten ist die Luft frisch und klar und die Wiesen sind sattgrün und endlos weit. Von der Terrasse des Berggasthofes schweift der Blick hinüber zu den Zacken und Graten der Dolomiten, die man beim ersten Besuch noch nicht mit den Namen kennt. Aber rasch ist klar, man wird wiederkommen, um die Bergwelt und Talschaften, die Geschichte und die Menschen Südtirols näher kennen zu lernen.

Südtirol hat sich in den letzten Jahren stark verändert. War die Provinz mit ihrer überwiegend deutschsprachigen Bevölkerung über lange Zeit aufgrund der jüngeren Vergangenheit nach den beiden Weltkriegen auf sich bezogen und grenzte sich stark gegen den italienischen Staatsverband in einer Art Wagenburgmentalität ab, sind jetzt – besonders in den Städten und bei der jungen Generation – eine Öffnung und Toleranz zu spüren, die das Italienische nicht mehr automatisch ablehnt. Reinhold Messner, der berühmte Bergsteiger und Abenteurer, drückt dies treffend aus: »Wir Südtiroler erleben in diesen Jahren einen Umbruch und ein neues Selbstverständnis. Südtirol ist nicht mehr das ›Tirol südlich des Brenners‹. Südtirol ist Südtirol. Und wir sind Südtiroler: die Ladiner, die Italiener, die Deutschen im Land.«

## »Land im Gepirg«

So wurde das heutige Südtirol im Mittelalter genannt. Fast zwei Drittel der Provinz sind Bergland und liegen über 1500 m hoch. Aber die Gebirge waren nie eine Barriere. Seit jeher war das Land an Eisack, Etsch und Rienz ein Durchzugsgebiet von Nord nach Süd und umgekehrt. Viele Stämme und Völker trafen hier – oft kriegerisch – aufeinander: Illyrer und Ligurer, Kelten und Etrusker, Räter und Römer und später, während der Völkerwanderung, Germanen und Slawen. Die ansässige Be-

Rinnerhof in St. Leonhard

völkerung, die rätoromanischen Ladiner, wurde assimiliert oder in unzugängliche Täler zurückgedrängt.

Aber um das Land wurde nicht nur gekämpft. Durch die großen Talsysteme zogen Händler aus Mitteleuropa, die Salz, Pelze und Bernstein nach Süden schafften und auf dem Rückweg Gewürze, Obst und Wein mitbrachten. Maler, Musiker, Dichter und Kirchenleute wanderten über die Berge und mit ihnen Kunst und Kultur.

## Krieg und Schrecken

Die tiefste Zäsur der jüngeren Geschichte des Landes stellt der Erste Weltkrieg dar, dessen Folgen bis heute nachwirken. Im Frühjahr 1915 erklärte das bislang neutrale Italien der österreich-ungarischen Monarchie und dem Deutschen Reich den Krieg. Der Erste Weltkrieg, der ein Jahr zuvor begonnen hatte, überzog nun auch den Alpenraum mit Tod und Verderben. Italienische Alpini, speziell für den Hochgebirgskrieg ausgebildete Soldaten, griffen von Süden her das österreichische Territorium an, das damals noch weite Teile Norditaliens und das heutige Südtirol umfasste. Nach anfänglichen Erfolgen der italienischen Armee erstarrte die Front rasch zu einem Stellungskrieg im Eis und Fels der Dolomiten. Um jeden Gipfel, jede Felswand, jeden Passübergang wurde zweieinhalb Jahre lang – Tag und Nacht, Sommer wie Winter – verbissen gekämpft. Wie viele Menschen umkamen, ist nicht bekannt. Es werden Hunderttausende gewesen sein.

Österreich verlor den Krieg und mit ihm alle Gebiete südlich des Brenners. Südtirol, das seit 1363 zum habsburgischen Reich gehörte, und auch das Trentino waren nun Teil des italienischen Staates. Die Faschisten unter Mussolini versuchten die deutsch- und ladinischsprachigen Bewohner der Region zu italisieren. Das Italienische war alleinige Amtssprache, in den Schulen fand der Unterricht nur noch auf Italienisch statt. Alle Städte, Dörfer, Täler und Berge erhielten italienische Namen. Im so genannten Options-Abkommen zwischen Hitler und Mussolini wurden die Ladiner und deutschsprachigen Bewohner massiv gedrängt, die Heimat zu verlassen und auszuwandern.

## Autonomie als Beispiel für Europa?

Der Zweite Weltkrieg verhinderte zum größten Teil die Umsetzung der Pläne. Aber die Grenze am Alpenhauptkamm zwischen Österreich und Italien blieb auch nach dem Krieg bestehen. Allerdings erhielten Südtirol und das Trentino eine gewisse Autonomie, die jedoch weit von dem entfernt war, was die deutschsprachigen Südtiroler forderten und sich wünschten. Die Provinz Südtirol wurde mit der Provinz Trentino zur autonomen »Region Trentino-Tiroler Etschland« zusammengeschlossen, in der die deutschsprachige Bevölkerung in der Minderheit blieb. In Massenkundgebungen wurde vehement das Selbstbestimmungsrecht für Südtirol gefordert. Österreich brachte die ›Südtirol-Frage‹ zweimal vor die Vereinten Nationen. Auch zu terroristischen Mitteln wurde gegriffen. Die Südtiroler »Bumser«, wie sie verharmlosend genannt wurden, töteten bei über 300 Sprengstoffanschlägen auf Carabinieri-Kasernen und andere Einrichtungen des Staates 19 Menschen.

1972 trat durch den Druck der Öffentlichkeit ein verbessertes Autonomiestatut in Kraft, das ein ganzes Paket von Maßnahmen zum Schutz der deutschsprachigen Bevölkerung umfasst. Damit wurde ein einmaliger Minderheitenschutz geschaffen, der weltweit beispielhaft für eine multiethnische Gesellschaft ist. Zwar bleibt die »Autonome Provinz Südtirol/Alto Adige«, wie Südtirol seither offiziell heißt, weiter mit dem Trentino in einer gemeinsamen autonomen Region verbunden, doch wird nun beiden Provinzen eine Selbstverwaltungsbefugnis zugestanden. Das Zusammenleben der drei Sprach- und Kulturgruppen in Südtirol verläuft zwar nicht konfliktfrei, hat sich aber in den letzten Jahrzehnten spürbar entspannt.

## Insel des Wohlstands

Im Vergleich zu vielen anderen italienischen Provinzen wächst die Südtiroler Wirtschaft seit Jahrzehnten. Im Land herrscht quasi Vollbeschäftigung, und die Südtiroler Städte erhalten regelmäßig Spitzenwerte bei Umfragen zur Lebensqualität. Die wichtigsten ökonomischen Stützen der Provinz – Tourismus, Landwirtschaft, das Transportwesen – sind dank der engen Anbindung an den deutschen Markt und dank eines umfassenden Protektionismus nahezu konjunkturunabhängig.

Der Tourismus ist der wichtigste Arbeitgeber. Fast ein Viertel der Beschäftigten in Südtirol arbeitet direkt oder indirekt für den Fremdenverkehr. Die touristische Entwicklung begann, als die Alpen – und insbesondere die Dolomiten – von den Engländern Mitte des 19. Jh. als Wander- und Bergsteigerparadies entdeckt wurden. Bald folgten Bergsteiger aus aller Welt. Mit den Alpinisten kam Geld in die armen Täler. Einfache Herbergen entstanden, und die Einheimischen konnten sich ein Zubrot als Führer und Träger verdienen. Der Bau der Eisenbahn brachte den großen touristischen Durchbruch. Im Jahr 1863 wurde die Bahn über den Brenner zwischen Innsbruck und Bozen eröffnet, 1871 die Südbahnlinie durch das Pustertal. Das Land südlich des Brenners rückte zeitlich näher an die europäischen Metropolen heran. In adligen und großbürgerlichen Kreisen kam die Mode auf, die Ferien in den Bergen zu verbringen. Der Begriff der ›Sommerfrische‹ entstand. In Bozen, Toblach, am Karersee und an anderen Orten erbaute man für die reiche Klientel repräsentative Nobelhotels. Und hoch in den Bergen errichtete der Deutsch-Österreichische Alpenverein alpine Schutzhütten und erschloss damit die letzten Winkel des vormals so unzugänglichen Berglandes. Die alten Karren- und Fußwege in die Täler wichen neuen Fahrstraßen, um dem einsetzenden Autoverkehr Rechnung zu tragen. In der Zeit zwischen den Weltkriegen kam der Tourismus fast zum Erliegen, um aber in den 1960er Jahren einen neuen Höhepunkt zu erleben. Der Tourismusboom hält – in etwas abgeschwächter Form – bis in die Gegenwart an.

## Schützenswerte Natur

Das harmonische Nebeneinander von Natur- und Kulturlandschaft und das Aufeinandertreffen von Nord und Süd ist das größte Kapital für den Tourismus in Südtirol – auch wenn dies noch nicht alle in der Provinz begriffen haben. Damit noch mehr Transitverkehr durch Südtirol brausen kann, werden Straßen verbreitert und begradigt und neue Trassen durch das Land geschlagen. Die Energiewirtschaft entdeckt die letzten Täler, um die Wasserkraft der Wildbäche zu nutzen. Und auch der Tourismus fordert seinen Tribut: Flächen für neue Hotels und Zweitwohnungen, breitere Skipisten im Bergwald, höhere Beförderungsleistungen der Seilbahnen, immer größere Parkplätze in bereits überlasteten Bergregionen.

Aber trotzdem gibt es große Areale, die frei von den Einflüssen der Menschen geblieben sind. Bereits in den 30er Jahren des 20. Jh. wurde der Nationalpark Stilfser Joch eingerichtet. In den 1970er und 80er Jahren folgten sieben Naturparks, so dass heute 22,5 % der Fläche Südtirols unter besonderem Schutz stehen. Ein weiterer Naturpark in den Sarntaler Alpen soll in naher Zukunft noch hinzukommen.

## Südtirol in Zahlen

**Lage:** Südlich des Alpenhauptkamms; nördlichste Provinz Italiens. Grenze im Norden und Osten zu Österreich (Nord- und Osttirol), im Nordwesten zur Schweiz (Graubünden), südwärts zu den italienischen Provinzen Trentino, Belluno (Region Veneto) und Sondrio (Region Lombardia).
**Fläche:** 7400 km$^2$, davon nur 14 % unter 1000 m Höhe, 21,5 % zwischen 1000 und 1500 m, aber ca. 64,5 % über 1500 m Höhe.
**Höchster Berg:** Ortler mit 3905 m.
**Verwaltung:** Die autonome Provinz Südtirol bildet zusammen mit der autonomen Provinz Trentino die Region Trentino-Südtirol/Trentino-Alto Adige, die etliche Sonderrechte im italienischen Staatswesen hat. Südtirol ist in 8 Bezirksgemeinschaften und in 116 Gemeinden aufgeteilt. Provinzhauptstadt ist Bozen/Bolzano.
**Bevölkerung:** Ca. 460 000 Einwohner, von denen gut 69 % deutschsprachig, knapp 26,5 % italienischsprachig und gut 4 % ladinischsprachig sind. 98 % aller Südtiroler sind katholisch.
**Städte:** Bozen (97 500 Einwohner), Meran (33 500), Brixen (18 500), Bruneck (13 700), Klausen (4600), Glurns (850).
**Nutzungsarten:** 34 % der Fläche werden landwirtschaftlich genutzt, 39 % sind Wald und 27 % Brachland und unproduktive Bergflächen.
**Beschäftigungszahlen:** In der Landwirtschaft arbeiten etwa 12 % der Beschäftigten, im produzierenden Gewerbe 24,5 %, in den Dienstleistungsberufen 63,5 %; die Arbeitslosenquote ist mit 2,1 % sehr gering.
**Tourismus:** Es gibt etwa 10 000 Beherbergungsbetriebe mit ca. 211 000 Gästebetten; rund 4,1 Mio. Touristen besuchen pro Jahr die Provinz, von denen rund 2 Mio. aus Deutschland kommen.

# Geschichte

Burg Runkelstein bei Bozen

| | |
|---|---|
| **8000–500 v. Chr.** | Nomadisierende Stämme streifen durch die Täler. Später besiedeln Illyrer und Ligurer von Süden her das Land und vermischen sich mit zuziehenden Kelten und Etruskern. Die Römer nennen die im Alpenraum lebenden Völker *Raeti*, ›Räter‹. |
| **25 v. Chr. – 550 n. Chr.** | Das Gebiet wird in das Römische Reich eingegliedert. Die Räter werden romanisiert und später christianisiert. Die rätoromanische Mischkultur der Ladiner entsteht. |
| **550–1000** | Das Römische Reich zerfällt. Von Süden rücken Langobarden vor, von Norden Bajuwaren, die auf von Osten her eindringende Slawen treffen. Die ladinische Urbevölkerung wird assimiliert oder zieht sich in unzugängliche Täler zurück. |
| **1000–1300** | Zur Sicherung der Nord-Süd-Verbindung über die Alpen schaffen die deutschen Kaiser die geistlichen Fürstentümer Brixen und Trient, die ihrerseits die politische Macht an die Adelsgeschlechter abtreten. Die Grafen von Tirol beherrschen einen großen Teil des späteren Südtirols. |
| **1363–1516** | Nach dem Tod der letzten Regentin, Margarete Maultasch, wird Tirol Teil des österreichischen Habsburgerreiches. Mit dem Aussterben des Görzer Geschlechts kommt das Pustertal zu Tirol. |
| **1525/26** | Gegen die Unterdrückung durch Kirche und Landesherren erheben sich die Bauern unter Führung von Michael Gaismair. Nach Anfangserfolgen wird der Aufstand blutig niedergeschlagen. |
| **1792–1810** | Nach Niederlagen der Österreicher in den Koalitionskriegen gegen das napoleonische Frankreich und Bayern fällt Tirol an Bayern, Frankreich und Italien. Auch der ›Freiheitskampf‹ der Tiroler unter Andreas Hofer kann dies nicht verhindern. |

| | |
|---|---|
| **1815** | Nach Napoleons Niederlage erhält Österreich beim Wiener Kongress die verlorenen Gebiete zurück. |
| **1915–18** | Italien erklärt Österreich den Krieg. In den Dolomiten kommt es zu erbitterten Stellungskämpfen. |
| **1919/20** | Im Friedensvertrag von St. Germain muss Österreich alle Gebiete südlich des Alpenhauptkamms an Italien abtreten. Aus ihnen wird die italienische Provinz Venetia Tridentina. |
| **1922** | Nach der faschistischen Machtübernahme in Italien beginnt die zwangsweise Italisierung der deutsch- und ladinischsprachigen Bevölkerung. |
| **1927** | Per Dekret wird die Provinz Bolzano (Bozen) geschaffen. |
| **1939** | Hitler und Mussolini einigen sich über die Aussiedlung der deutschsprachigen Südtiroler. In der ›Option‹ entscheidet sich ein großer Teil der deutschsprachigen Bevölkerung, die Heimat zu verlassen. Wegen des Zweiten Weltkrieges wird die Umsiedlung jedoch nur teilweise vollzogen. |
| **1943** | Nach der Kapitulation des im Zweiten Weltkrieg zunächst mit Deutschland verbündeten Italien besetzen deutsche Truppen Südtirol, das unter deutsche Verwaltung gestellt wird. |
| **1946/48** | Der Pariser Vertrag bestätigt den Verbleib der Gebiete südlich des Brenners bei Italien. Der deutsch- und ladinischsprachigen Bevölkerung werden Minderheitenrechte zugesichert, die aber nur z. T. verwirklicht werden. Das Trentino und Südtirol bilden zusammen die Autonome Region Trentino-Tiroler Etschland. |
| **1957–72** | Ein zweites völkerrechtlich verbindliches Autonomiestatut stärkt die Selbstverwaltung der nunmehr eigenständigen ›Autonomen Provinz Südtirol‹. Mit dem Trentino bildet Südtirol aber weiterhin eine gemeinsame Region. |
| **1992–97** | Durch eine »Streitbeilegungserklärung« zwischen Österreich und Italien wird die Südtiroler Autonomie völkerrechtlich verbindlich. |
| **1998/99** | Die Freie Universität Bozen wird eröffnet, der Flughafen Bozen ausgebaut und der Linienflugverkehr aufgenommen. |
| **2005** | Nach Jahrzehnten der Stilllegung wird die Bahnstrecke Meran-Mals wieder eröffnet. |

Melken auf der Alm im Gsiesertal

# Gut zu wissen

## Begrüßung

Auch eingefleischte Atheisten werden nicht darum herumkommen: »Grüß Gott« ist die Begrüßung in Südtirol – ob im Gasthaus oder bei Wanderungen. Auf das »Pfüat di« zum Abschied verzichten Sie besser, denn ›Flachlandtirolern‹ gelingt es kaum, es korrekt auszusprechen. Unter jungen Leuten sind auch Begrüßungsküsschen wie im übrigen Italien üblich. »Ciao« sagt man anders als im Norden sowohl zur Begrüßung wie auch zum Abschied.

## Besichtigungszeiten

Die Öffnungszeiten der Museen, Ausstellungen, Burgen und Kirchen ändern sich teilweise sehr rasch und variieren oft von Jahr zu Jahr. Deshalb sollten die im Buch genannten Zeiten sicherheitshalber beim lokalen Verkehrsamt überprüft werden. Die meisten Südtiroler Museen verfügen über eigene Websites mit aktuellen Infos, die über die Startseite www.provinz.bz.it/museenfuehrer zu erreichen sind.

## Finanzpolizei

Der Kassenzettel *(scontrino)* bzw. die Rechnung *(ricevuta fiscale)* muss immer mitgenommen werden, da die Finanzpolizei (Guardia di Finanza) zur Vermeidung von Steuerhinterziehungen die Kunden kontrollieren darf.

## Gästepässe

Viele Tourismusvereine geben für Urlauber, die in der entsprechenden Gemeinde mehrere Tage übernachten – kostenlos oder gegen eine kleine Gebühr – Gästepässe aus, die Gratis-Leistungen und/oder Ermäßigungen bei geführten Wander- und Radtouren, Bus-Shuttles, Museen, Verkostungen etc. gewähren.

## Karten

Für Wandertouren sind die genauen Tabacco-Wanderkarten im Maßstab 1 : 25 000 zu empfehlen, die in großen Buchhandlungen am Heimatort bestellt werden können. In Südtirol sind diese Karten zwar billiger, aber nicht immer ist das gewünschte Kartenblatt vorrätig. Das Kartenwerk deckt aber (noch) nicht das gesamte Gebiet Südtirols ab. Flächendeckend gibt es die Kompass-Karten (überwiegend im Maßstab 1 : 50 000), die zwar weniger exakt, aber dennoch ausreichend sind.

## Internetzugang

Wer in Südtirol selbst ins Internet gehen möchte, findet leider bislang nur wenige ›echte‹ Internet-Cafés in den großen Städten wie Bozen, Meran und Brixen. In den Telecom-Zentralen wie auch in den kommunalen Bibliotheken sind meist einige Terminals zur Selbstbedienung vorhanden. Je besser ein Hotel ist, desto wahrscheinlicher ist es, dass es einen öffentlichen Internet-Zugang oder einen Web-Anschluss auf den Zimmern anbietet.

## Klima und Reisezeit

Im Prinzip ist Südtirol ein Reiseziel für das ganze Jahr, sieht man vom meist trüben November ab, in dem auch die meisten Gastbetriebe geschlossen sind. Im Frühjahr lockt die Obstblüte in den Talschaften zu ausgedehnten Radtouren. Die Städte sind dann auch nicht so überlaufen, so dass die – wenigen – Regentage für Museumsbesuche genutzt werden können. Der Sommer mit den langen Schönwetterperioden ist die richtige Zeit für Hochgebirgstouren. Allerdings sollte man die ersten beiden Augustwochen meiden, wenn ganz Italien Ferien macht und auch in Südtirol kaum ein freies Bett zu finden ist. Auch die Herbsttage zeichnen sich zumeist durch eine stabile Hochdruckwetterlage aus. In den Bergen ist die Fernsicht dann besonders gut. Der Winter ist natürlich die Zeit der Skifahrer, Tourengeher und Langläufer. Eine Reise reicht bei weitem nicht aus, die unzähligen Pistenkilometer abzufahren.

## Medien

Zeitungen und Zeitschriften aus der Schweiz, aus Österreich und aus Deutschland sind in fast allen Südtiroler Ferienorten zu bekommen. In Südtirol selbst erscheinen neben italienischsprachigen Blättern auf Deutsch die konservative Tageszeitung ›Dolomiten‹ (www.athesia.it/dolomiten), die linksliberale ›Neue Südtiroler Tageszeitung‹ und die liberale Wochenillustrierte ›ff‹ (www.ff-online.com). Daneben gibt es einige Zeitungen auf Bezirksebene wie z. b. ›Die Pustertaler Zeitung‹. Die meisten Hotels haben deutschsprachige ausländische Fernsehsender einprogrammiert. Der Sender Bozen des italienischen Fernsehsenders RAI sendet abends ein deutschsprachiges Lokalprogramm für Südtirol. Neben der RAI gibt es in Südtirol weitere – private – deutschsprachige Rundfunksender.

## Mehrsprachigkeit

Die Provinz Südtirol ist offiziell zweisprachig, in den ladinischen Tälern sogar dreisprachig. Alle Bekanntmachungen und die meisten Schilder sind daher mehrsprachig. Nach der jüngsten Volkszählung rechnen sich gut 69 % der Bevölkerung der deutschen, knapp 26,5 % der italienischen und gut 4 % der ladinischen Sprachgruppe zu. Um die Lesbarkeit der Texte in diesem Buch nicht zu beeinträchtigen, werden nur in den Überschriften des Kapitels ›Orte von A bis Z‹ die deutschen, italienischen und ladinischen Namen angegeben. Die beiliegende Landkarte ist dagegen überwiegend zwei- bzw. dreisprachig.

In den allermeisten Landgemeinden und in den historischen Zentren der Städte wird überwiegend Deutsch gesprochen, wohingegen in den Neubauvierteln und in einigen wenigen Gemeinden wie Branzoll, Leifers und Salurn die italienische Sprache überwiegt. Die Ladiner in Gröden und im Gadertal beherrschen neben ihrer Muttersprache auch Deutsch und Italienisch perfekt.

## Naturparks

Ein Teil der Südtiroler Bergwelt wurde seit den 1970er Jahren unter Naturschutz gestellt. Insgesamt sieben Schutzgebiete wurden eingerichtet: Die Naturparks Schlern, Texelgruppe, Puez-Geisler, Fanes-Sennes-Prags, Trudner Horn, Sextner Dolomiten und Rieserfer-

## Deutsch sprechen

Verzichten Sie darauf, in Südtirol Ihre Italienisch-Kenntnisse einzusetzen. Zwar beherrschen die meisten deutschsprachigen Südtiroler perfekt die italienische Sprache, aber die Ressentiments gegenüber dem Staat sind immer noch nicht gänzlich verschwunden. Man versteht sich als ›deutsch‹ und möchte auch in dieser Sprache angesprochen werden.

ner-Ahrn sowie – bereits seit den 30er Jahren des 20. Jh. – der provinzübergreifende Nationalpark Stilfser Joch. In den Schutzgebieten sind keine Dauersiedlungen, Aufstiegshilfen und Straßen erlaubt, aber die Nutzung durch den Tourismus, die Land-, Alm- und Forstwirtschaft sowie Jagd und Fischerei bleiben gewährleistet. Alle Parks besitzen Besucherzentren, die mit Ausstellungen, Bibliotheken und geführten Exkursionen über die Bergwelt, Natur und Umwelt informieren (Adressen, Öffnungszeiten, Angebote unter www.provinz.bz.it/natur/2803).

## Preisniveau

Den Ruf eines Billigreiselandes hat Südtirol längst verloren. Die Lebenshaltungskosten in der Provinz unterscheiden sich nicht allzu sehr von denen in Mitteleuropa. Nur noch einzelne Produkte und Dienstleistungen wie z. B. Wein, Spirituosen sowie zumeist auch die Übernachtung sind preisgünstiger. Die Kaffeepreise in Bozen zählen sogar zu den höchsten in ganz Italien. Ein Espresso ist nicht unter 80 Cent zu bekommen, meist kostet er 1 € oder mehr. Für ein Glas einfachen Wein zahlt man an der Theke ab 1 €, die gute Flasche Wein zum Essen kostet im Restaurant ab 10 €, und eine Hauptspeise mit Beilage schlägt sich ab 8 € auf der Rechnung nieder. Für den Eintritt ins Museum müssen Erwachsene zwischen 4 und 6 € bezahlen. Der öffentliche Nahverkehr ist preiswert. Eine Fahrt mit dem Stadtbus in Bozen und Meran kommt auf 1 €, und für den Linienbus in die Dörfer oder überland sind 65 Cent pro Kilometer zu zahlen.

## Rauchen

Was im Vielraucherland Italien vor kurzer Zeit noch undenkbar erschien, setzt sich offenbar durch. Nach den neuen Gesetzen ist das Rauchen in allen öffentlich zugänglichen Gaststätten und auch in den italienischen Zügen verboten. In vielen Berghütten der Alpenvereine besteht generell Rauchverbot. Auf Restaurantterrassen und in separaten Nebenräumen, die manche Bars eingerichtet haben, darf weiterhin geraucht werden. Ansonsten müssen die Raucher vor die Tür.

Tabakwaren sind offiziell nur in eigens gekennzeichneten Tabakläden *(Tabak/Tabacchi)* und über die wenigen Zigarettenautomaten erhältlich.

## Seilbahnen

Viele Seilbahnen in Südtirol nehmen die Funktion eines öffentlichen Verkehrsmittels ein und erschließen Bergregionen, die nicht oder nur umständlich auf teils steilen und schmalen Straßen mit dem Auto zu erreichen sind. Diese Seilbahnen sind ganzjährig in Betrieb. Etliche Aufstiegshilfen, die primär für den Wintersport errichtet wurden, verkehren auch im Sommer. Die Betriebszeiten sind von der Höhenlage und den unterschiedlichen Saisonzeiten abhängig und können bei den Tourismusvereinen erfragt werden.

## Südtirol-Krimis

Tschonnie Tschenett, der in einem der Sterzinger Seitentäler geboren sein muss, war Nordseefischer und Aushilfs-LKW-Fahrer. Immer wieder kehrt er nach Südtirol zurück und verstrickt sich stets in mysteriöse Kriminalfälle. Mal findet er einen Toten beim Tunnelbau der Brenner-Eisenbahn, mal gerät er in die Manipulationen von Fußballvereinen, mal legt er sich mit der Mafia an. Der Bozner Kurt Lanthaler, der mittlerweile in Berlin lebt, hat sich die Figur des Tschonnie ausgedacht und in fünf spannenden Kriminalromanen weiterentwickelt. Ganz nebenbei erfährt der Leser viel über die Befindlichkeiten der Südtiroler und über die Widersprüche zwischen Südtirol und dem ›restlichen‹ Italien. Die Bände »Der Tote im Fels«, »Azzuro«, »Grobes Foul«, »Herzsprung« und »Napule« sind im Schweizer Diogenes Verlag und im österreichischen Haymon Verlag erschienen.

## Trinkgeld

Je teurer das Restaurant, desto eher wird ein Trinkgeld in Höhe von etwa 10 % erwartet. Auch in Südtirol ist es üblich, bei einem längeren Aufenthalt im Hotel mit Halb- oder Vollpension der Bedienung im Speisesaal am Ende des Urlaubs diskret einen Pauschalbetrag als Trinkgeld zu übergeben und auch dem Zimmermädchen einen Obolus zu hinterlassen. Wer besonders aufmerksamen Service wünscht, gibt das Trinkgeld schon zu Beginn des Aufenthalts. Auf vielen Theken steht ein Behälter, in den ein Trinkgeld geworfen wird, oder man reicht dem *barista* zusammen mit dem Kassenzettel eine Münze.

**Holzschnitzereien im traditionellen Stil des Grödnertals**

# Feste & Unterhaltung

Kirchweih im Sarntal

## Offizielle Feiertage

**1. Jan.** Neujahr
**6. Jan.** Dreikönigstag
**März/April** Ostersonntag und Ostermontag
**25. April** Tag der Befreiung vom Faschismus
**1. Mai** Tag der Arbeit
**Mai/Juni** Pfingstsonntag
**15. Aug.** Mariä Himmelfahrt (Ferragosto)
**1. Nov.** Allerheiligen
**8. Dez.** Mariä Empfängnis
**25./26. Dez.** Weihnachten

## Feste und Festivals

Gefeiert wird in Südtirol gern und viel. Wie in allen katholisch geprägten Ländern werden besonders die **kirchlichen Feiertage** mit Gottesdiensten und Prozessionen aufwendig zelebriert. Viele dieser Feierlichkeiten haben ihre Ursprünge in vorchristlichen Bräuchen. Fast nur noch zu diesen Anlässen sind die traditionellen Trachten der einheimischen Bevölkerung zu sehen, die im Alltagsleben nahezu völlig verschwunden sind. Neben Weihnachten, Ostern und Pfingsten sind Fronleichnam und Mariä Himmelfahrt die Höhepunkte des christlichen Kalenderjahres. Die kommerziellen Christkindlmärkte in den Städten haben dagegen noch keine allzu lange Tradition; sie bestehen erst seit wenigen Jahren.

Beinahe jeder Ort in Südtirol feiert während der Sommermonate sein **Dorf- oder Stadtfest** (manchmal nur alle zwei Jahre). In den Straßen und Gassen werden Stände aufgebaut, an denen kulinarische Spezialitäten angeboten und die Weine der Region verkostet werden können. Musik, Tanz und Umzüge gehören fast immer auch dazu. Urlauber sind als Gäste überall willkommen.

Alle Tourismusorganisationen in den Urlaubsorten geben **Veranstaltungskalender** heraus und informieren im Internet über Feste, Märkte, Folkloreabende und andere Events. Unter www.bobo.it ist ein stets aktueller Veranstaltungsplan für Südtirol abzurufen.

### Januar/Februar

**Schneeskulpturen-Wettbewerb:** In Innichen, St. Vigil und in Wolkenstein wetteifern Teilnehmer aus verschiedenen Ländern darum, aus Schnee und Eis die schönste Plastik zu erschaffen.

**Ski-Volkslanglauf:** Der Pustertaler Skimarathon (Jan.) und die Marcialonga zwischen Toblach und Cortina (Feb.) sind riesige Volksfeste der (winter-)sportlichen Art.

**Fastnacht:** In vielen Orten wird Ende Februar der Karneval gefeiert, in dem venezianische Elemente mit traditionellen Riten aus dem deutschen Sprachraum verschmelzen. Einer dieser archaischen Bräuche ist z. B. das ›Zusslrennen‹, ein uralter Fruchtbarkeitskult, am Unsinnigen Donnerstag in Prad am Stilfser Joch und der Egetmann-Umzug in Tramin.

## April/Mai

**Locknfescht:** Mit der Riesengaudi, bei der Skifahrer versuchen, mit abenteuerlichen Geräten die ›Lake‹, einen noch halb zugefrorenen Tümpel, zu bezwingen, wird im April am Kronplatz oberhalb von Bruneck das Ende der Skisaison gefeiert.

**Kulinarische Wochen:** Mit der beginnenden warmen Saison im Frühling werden in vielen Dörfern und Tälern im Rahmen von Spezialitätenwochen Gerichte der einheimischen Küche in hoher Qualität angeboten. Spargelzeit ist beispielsweise im April und Mai in Terlan. Ende April/Anfang Mai steht in vielen Gasthäusern des Nonsberg das Essen unter dem Zeichen des Löwenzahns, und rund 20 Restaurants im gesamten Eisacktal beteiligen sich im Frühjahr an der ›Eisacktaler Kost‹.

**Bergfilmfestival:** Das alpine Filmfest im April in der Bozner Schwesterstadt Trento ist weltweit eines der größten; einige Wettbewerbsfilme werden anschließend auch im Bozner Filmclub gezeigt.

**Blumenfest:** Ende April/Anfang Mai verwandeln sich der Waltherplatz in Bozen und die Sommerpromenade in Meran in ein buntes Blumenmeer.

**Eppaner Burgenritt:** Mitte Mai kämpfen kostümierte Reiter vor der Kulisse der Eppaner Burgen in verschiedenen Turnierspielen um den Sieg.

## Juni/Juli/August

**Herz-Jesu-Feuer:** Am zweiten Sonntag nach Fronleichnam brennen überall auf den Gipfeln riesige Feuer, die an den Kampf der Tiroler gegen die französischen Truppen unter Napoleon im 19. Jh. erinnern. Der Brauch geht auf vorchristliche Sonnenwendfeuer zurück.

**Oswald-von-Wolkenstein-Ritt:** Die mittelalterlichen Turnierspiele im Juni unterhalb des Schlerns erinnern an den großen Dichter und Politiker.

**Kastelruther-Spatzen-Fest:** Die volkstümliche Musikgruppe veranstaltet alljährlich Mitte Juni ein Open-Air-Konzert und im Oktober ein Zeltfest.

**Maratona dles Dolomites:** Anfang Juli quälen sich Tausende von Radsportlern und Hobbyfahrern über die Pässe der Sella-Gruppe.

**Jazz Festival:** Alljährlich im Juli findet in der Brunecker Altstadt das überregional bedeutsame Musikfest statt.

**XONG:** Um den grenzüberschreitenden Zusammenhalt der Kultur im Dreiländereck des Obervinschgau, des schweizerischen Oberengadin und der Region um das österreichische Nauders küm-

### Egetmann-Umzug

Lebendige Geschichte vermittelt der archaische Egetmann-Umzug, der alle ungeraden Jahre zur Fastnachtszeit stattfindet. Bei diesem ausgelassenen Spektakel, das auf vorchristliche Bräuche zurückgeht und nur noch in Tramin anzutreffen ist, ziehen reich geschmückte Pferde- und Ochsenkarren durch das Dorf. Die Zuschauer werden mit Mehl und Ruß beworfen und durch allerlei Mummenschanz verschreckt.

mert sich Ende Juli das einwöchige innovative Musikfestival.

**Gompm-Alm-Festival:** Legendär ist mittlerweile das Fest der Südtiroler Musikszene an der Almhütte in der Nähe der Bergstation der Hirzer-Seilbahn im Passeier Tal, das zumeist im Juli stattfindet. Folklore-Fans kommen hier aber nicht auf ihre Kosten.

**Klassik:** Zu den international bedeutenden Veranstaltungen klassischer Musik zählen die Gustav-Mahler-Musikwochen in Toblach (Juli–Anfang Aug.), der Busoni-Klavierwettbewerb für junge Künstler in Bozen (Ende Aug.) und das Musik FestiVal Gardena im Grödner Tal (Mitte Juli–Aug.).

## September/Oktober/ November

**Kulinarische Wochen:** Die Nebensaison im Herbst ist wie das Frühjahr auch die Zeit der gastronomischen Spezialitätenwochen. Auf dem Salten oberhalb von Bozen beispielsweise wird Mitte September beim ›Schupfenfest‹ traditionelle Bauernkost geboten, während sich die Gastwirte im Ultental in der zweiten Septemberhälfte auf Lammgerichte spezialisiert haben. In Brixen und Umgebung werden im Rahmen des ›Kuchlkirchtig‹ kulinarisch-kulturelle Wanderungen in den ersten drei Oktoberwochen veranstaltet, und die Restaurants in Völs am Schlern servieren im Oktober im Rahmen des ›Kuchlkastl‹ althergebrachte einheimische Spezialitäten.

**Pferderennen:** Der ›Große Preis von Meran‹ Ende September auf dem Pferderennplatz in Meran ist das bedeutendste Hürdenrennen in Kontinentaleuropa. Ein weiterer Höhepunkt der Rennsaison ist das Bauerngalopprennen auf Haflingerpferden am Ostermontag.

**Weinfeste:** Der Herbst steht natürlich ganz im Zeichen der Weinlese. Besonders im Überetsch und im Unterland werden in vielen Dörfern im Rahmen von Weinfesten die neuen – und auch die alten – Weine verkostet, z. B. Anfang September auf dem Dorffest in St. Pauls, während des Weinoktobers in Tramin, auf der Unterlandler Weinkostwoche Ende Oktober in Auer und auf dem Martinimarkt am 11. November in Girlan.

**Almabtrieb:** Je nach den Witterungsverhältnissen werden Ende Sept./Anfang Okt. Kühe, Pferde, Ziegen und Schafe von den Hochalmen wieder in die Täler getrieben, in vielen Orten Anlass für Feste, z. B. Mitte/Ende September in Vernagt im Schnalstal, in Kuppelwies im Ultental und Campill im Gadertal.

**Stegener Markt:** Der Markt in Bruneck (Ende Okt.), der größte der Alpen, hat eine über 1000-jährige Tradition (s. S. 48).

**International Wine Festival:** Gourmets und ›Weinbeißer‹ treffen Mitte November im Meraner Kursaal die bedeutendsten Weinbaubetriebe aus Italien und Winzer aus aller Welt.

## Dezember

**Klasen und Klöckeln:** Uralte ›heidnische‹ Bräuche werden noch in einigen Südtiroler Dörfern gefeiert, etwa am letzten Samstag vor Nikolaus das ›Klasen‹ in Stilfs im oberen Vinschgau (s. S. 93) und das ›Klöckeln‹ an den ersten drei Donnerstagen im Advent in den Dörfern des Sarntals (s. S. 82). Verkleidete Gestalten ziehen dann durch die Dörfer und treiben allerlei Schabernack.

**Weihnachtsmarkt:** Die Christkindl-Märkte in Bozen, Brixen, Bruneck, Meran und Sterzing besuchen jedes Jahr Tausende von Besuchern.

Wie ganz Italien ist auch Südtirol sehr kinderfreundlich. Der lässige, tolerante Umgang mit den *bambini* hat auch auf die ›deutsche‹ Provinz abgefärbt.

## Kinderangebote

Viele Urlaubsorte bieten spezielle Programme für die Kleinen und auch etwas Größeren an, das von Tages- und Halbtagesbetreuung über Ausflüge, Exkursionen und Spielen bis hin zu Kursen im Klettern und Skifahren reicht. Fast alle lokalen Tourismusbüros geben einen Prospekt heraus, der die Angebote für Kinder und Jugendliche aufführt. Auch die offizielle Tourismus-Homepage (www.suedtirol.info) listet unter dem Stichwort ›Familienland‹ zahlreiche Offerten für Familienferien auf.

## Unterkunft

Nahezu alle Hotels, Gasthöfe und Pensionen gewähren Ermäßigungen für Kinder und bieten auch Kindermenüs in ihren Restaurants an. Auf Familien mit Kindern haben sich besonders die derzeit 21 Südtiroler ›Familienhotels‹ spezialisiert (www.familienhotels.com), die sich spezielle kindgerechte Qualitätsstandards gegeben haben.

Etliche Bergbauernbetriebe und auch Bauernhöfe in den Tälern nehmen Gäste auf. Der Kontakt mit dem bäuerlichen Leben ist hier garantiert. Informationen und Adressen für diese besonders für Familien mit Kindern geeignete Urlaubsform gibt es über die Verkehrsämter und im Internet unter www.roter hahn.it.

## Aktivitäten

Im Prinzip können sich Kinder und Erwachsene in Südtirol gut gemeinsam vergnügen, wenn die Eltern darauf achten, dass alle Unternehmungen kindgerecht sind: kurze, abwechslungsreiche Wandertouren an Bächen und Waalen mit vielen (Spiel-)Pausen statt stundenlanger Anstiege auf öden Forststraßen; Besuche in Museen und Burgen, in denen die Kids die Ausstellungsstücke anfassen können, statt ›akademischer‹ Rundgänge mit ellenlangen wissenschaftlichen Erklärungen; ›Urlaub auf dem Bauernhof‹ statt Übernachtung in kleinen Zimmern eines sterilen Großhotels; und gern ein opulentes ausgelassenes Picknick auf einer schönen Bergwiese oder Pasta und Pizza in einem gemütlichen Gasthof mit einem Spielplatz vor der Tür.

Zu den Museen, die auch Kindern gefallen, gehören das ›Ötzi-Museum‹ in Bozen, die Bergwerksmuseen in Maiern (Ridnauntal) und Prettau (Ahrntal), das ›Touriseum‹ bei Meran und die Krippenausstellung im Brixener Diözesanmuseum.

Das mittelalterliche Leben der Ritter können Kinder besonders gut in der Churburg bei Schluderns, in der Trostburg bei Waidbruck und in der Burg Reifenstein bei Sterzing nacherleben. Einen lebendigen Eindruck in das frühere bäuerliche Leben gibt das Volkskundemuseum bei Bruneck.

Für Kinder geeignete Wanderungen lassen sich auf der Seiser Alm, auf dem Ritten und entlang der Waalwege im Vinschgau und im Burggrafenamt finden. Etwas ältere Kinder können ihre erste Gipfelbesteigung auf dem Weißhorn oberhalb der Bletterbachschlucht feiern. Die neu ausgebauten Radrouten im Etsch-, Eisack- und Pustertal machen selbstverständlich auch Kindern Spaß, genauso wie eine Rafting-Tour auf Eisack, Rienz und Ahr.

# Übernachten

**Schicke und zünftige Hotels laden zum Aufenthalt**

## Saison

Südtirol hat zwei Hauptsaisonzeiten. Die Sommersaison reicht von Anfang Juni bis September. Je höher der Ferienort liegt, desto kürzer ist die sommerliche Periode. Die Wintersaison beginnt Anfang Dezember und endet in der Regel kurz nach Ostern. In den absoluten Hauptreisezeiten – zu *ferragosto* im August, über Weihnachten, in der Fastnachts- und in der Osterwoche – ist ohne vorherige Reservierung kaum ein freies Bett zu bekommen. In den anderen Zeiten kann man ohne Probleme dank des riesigen Angebots an Unterkünften auch ohne Vorbuchung in die Provinz reisen.

## Hotels

Vom einfachen, preiswerten Ein- oder Zwei-Sterne-Hotel mit Etagendusche bis zum Fünf-Sterne-Luxushotel mit allem Komfort sind alle Hotelkategorien in Südtirol vertreten. Eine Besonderheit ist die ****S-Kategorie, die eingeführt wurde, um dem hohen Steuersatz für Fünf-Sterne-Hotels auszuweichen.

In Südtirol konkurrieren zwei Online-Buchungssysteme. Die Unterkunfts-Datenbank der offiziellen Südtirol Marketing Gesellschaft ist unter www.suedtirol.info zu erreichen. Die Datenbank einer privaten Internetfirma hat die Webadresse www.suedtirol.com.

Die Preise für Unterkünfte schwanken sehr stark zwischen der absoluten Hauptsaison im August und der restlichen Zeit des Jahres. In der Nebensaison können manche Hotels bis zu 50 % günstiger zu bekommen sein. Halbpension, die preislich oft recht günstig angeboten wird aber aufgrund der Qualität meist sehr empfehlenswert ist, kann in vielen Hotels erst bei einem Aufenthalt ab 3 Tagen gebucht werden. Bei Einzelübernachtung muss mit einem Preisaufschlag gerechnet werden.

Die in ›Orte von A bis Z‹ genannten Preise beziehen sich stets auf eine Übernachtung mit Frühstück für zwei Personen im Doppelzimmer während der Hochsaison im August. Dahinter wird in der Klammer der Preis für die Nebensaison aufgeführt. Ist nur die Buchung von Halbpension (= HP) oder Anderes möglich, wird dies extra vermerkt. Die angeführten Hotels wurden sorgfältig ausgewählt, geprüft und in Augenschein genommen. Ein Besitzer- und Personalwechsel z. B. kann sich aber sehr schnell positiv oder negativ auf die Atmosphäre der Unterkunft auswirken.

## Pensionen und Gasthöfe

Auch Pensionen und Gasthöfe sind in Sterne-Kategorien eingeteilt. Zumeist sind diese Betriebe billiger als Hotels.

Während traditionsreiche Gasthöfe oft auch gesellschaftlicher Mittelpunkt eines Dorfes mit Schankstube und Stammtisch sind, überwiegt in den Pensionen häufig eine familiäre, private Atmosphäre, die besonders Stammgäste anzieht.

## Privatzimmer und Ferienwohnungen

In allen Ferienorten gibt es preiswerte Privatzimmer. Allerdings geht die Zahl der Vermieter von Jahr zu Jahr zurück. Auch Ferienwohnungen kann man vielerorts mieten. Die Auswahl ist aber nicht so groß wie in anderen Ferienregionen Europas. Im Internet sind Privatvermieter zu finden: www.bedandbreakfast.suedtirol.com.

## Urlaub auf dem Bauernhof

Zahlreiche Bergbauernbetriebe und auch Höfe unten in den Tälern nehmen Gäste auf. Der Standard ist oft niedriger als in den Hotels, dafür sind der Familienanschluss und der Kontakt mit Tieren gesichert. Informationen für diese Urlaubsform, die besonders Familien mit Kindern anspricht, gibt es über die Verkehrsämter oder im Internet unter www.roterhahn.it.

## Berghütten

Der Alpenverein Südtirol (www.alpenverein.it) und die verschiedenen Sektionen des italienischen Alpenvereins CAI (www.cai.it) betreiben in den Südtiroler Bergen zahlreiche Schutzhütten, die sehr unterschiedlich ausgestattet sind. Manche Häuser gleichen eher Berghotels, andere haben oft nur einen Minimalstandard mit Massenunterkünften und eingeschränkten sanitären Einrichtungen. Die Mitglieder anderer Alpenvereine erhalten bei der Übernachtung und zum Teil auch bei der Verpflegung Ermäßigungen. Daneben gibt es weitere Berghütten, die privat geführt werden. Je nach Höhenlage sind die alpinen Schutzhütten von Ende Juni/Anfang Juli bis Mitte/Ende September geöffnet. Kurze Internet-Beschreibungen nicht nur von Alpenvereinshütten finden sich unter www.suedtirol-cd.com.

## Jugendherbergen

Jugendherbergen gibt es in Meran, im Kassianeum in Brixen und im restaurierten ehemaligen Grandhotel in Toblach im Pustertal; eine weitere hat gerade im Jahr 2005 in Bozen eröffnet. Info: www.jugendherberge.it.

## Camping

Mit 39 Einrichtungen ist das Netz der Campingplätze in Südtirol nicht gerade eng geknüpft. Ein Verzeichnis aller Zeltplätze versendet Südtirol Marketing (s. S. 32). Im Internet informiert www.camping.suedtirol.com. Wildes Campen ist in den Naturparks verboten und wird streng geahndet.

## Spirituelle Ferien

Ganz aus dem Rahmen eines ›normalen‹ Urlaubs fällt das Angebot, das es im Franziskanerkloster in Kaltern-Dorf (Rottenburger Platz 3) gibt. In der Abgeschiedenheit des Klosters wird Menschen, die zur Ruhe kommen möchten, die Gelegenheit geboten, während einer Ferienwoche (Mindestaufenthalt 5 Tage) an Meditationen, Gebeten und Gottesdiensten teilzunehmen.
Infos: Tel. 04 71 96 41 78, Fax 04 71 96 69 00, www.projekt-tau.it, DZ 38 €.

# Essen & Trinken

Zünftige Brotzeit mit Speck und Törggelen

## Regionale Küche

In Südtirol treffen Nord und Süd auch kulinarisch aufeinander. Die gastronomischen Traditionen des habsburgischen Vielvölkerstaats verbinden sich hier mit der mediterran geprägten Küche Italiens. Neben deftigen Fleischgerichten aus dem Norden wie etwa Gulasch, Schweinsbraten und Wiener Schnitzel stehen Nudeln, Fisch und raffinierte Salate gleichberechtigt auf der Karte.

Zu den Hauptgerichten werden gern auch die sonst in Italien eher unbekannten Bratkartoffeln oder Knödel nach österreichischer Art gereicht. Die Polenta als Beilage, der gelbe Maisgrießbrei, der gekocht, gebraten und gebacken serviert wird, stammt ursprünglich aus den Ebenen Norditaliens. Oft kommt Wild auf den Tisch, das in den umliegenden Bergwäldern geschossen wurde. Dazu passen Pilze, frisch gesammelt und zubereitet mit Speck.

Käse darf bei keinem Essen fehlen. Die wohlschmeckenden Käsesorten der Provinz runden jede Mahlzeit ab. Einen Apfelstrudel oder eine andere süße Mehlspeise zum Nachtisch gibt es in allen Restaurants. Bei der Verdauung hilft der tiefschwarze starke Espresso und auch ein Grappa oder ein milder Obstbrand.

## Getränke

In den tieferen Lagen fast aller Täler gedeihen Reben, aus denen gute Tropfen gekeltert werden. Mit den namenlosen Rot- und Weißweinen, die als offener Hauswein angeboten werden, sollte man allerdings vorsichtig sein. Allzu oft ist die Güte mehr als bescheiden. In allen Restaurants sind aber preiswert Flaschenweine zu bekommen, die das Prädikat **DOC** (Denominazione d'origine controllata) tragen. Diese ›kontrollierte Ursprungsbezeichnung‹ gewährleistet, dass der Wein aus der auf den Etiketten angegebenen Region stammt.

Hauptsächlich werden in Südtirol **Rotweine** produziert. Typisch für die Provinz sind die leichten Vernatsch-Weine und der kräftigere Lagrein. Gern werden aber auch die Rotweine Teroldego und Marzemino aus der Nachbarprovinz Trentino getrunken. ›Weinbeißer‹ schätzen die trockenen, oft sehr eigenwilligen **Weißweine** aus dem Eisacktal und den Gewürztraminer aus dem Unterland. Ein leichter Sommerwein ist der feine weiße Nosiola aus dem Trentino. Wein-Infos im Internet: www.suedtirolerwein.com.

Eine prickelnde Besonderheit sind die **Sekte** von Arunda aus dem Bergdorf Mölten, der höchstgelegenen Sektkellerei Europas auf 1200 m Höhe, die jede gut sortierte Vinothek führt. Die

Grundweine stammen ausschließlich aus Südtiroler DOC-Anbau, produziert werden die Sekte aus Chardonnay, Blau- und Weißburgunder nach dem klassischen Champagner-Verfahren der Flaschengärung.

Neben dem Wein hat sich in den letzten Jahren auch in Südtirol immer stärker das **Bier** durchgesetzt. Unangefochtener Marktführer ist die Brauerei Forst, die ihren Sitz in der Nähe von Meran hat. Zumeist wird in den Bars das Pils ausgeschenkt, aber auch die anderen Sorten von Forst – Kronen, Sixtus, Heller Bock und Light – sind einen Probeschluck wert. Auch Biere aus Deutschland sind oft zu haben.

Südtiroler Bars sind mit **Spirituosen** aller Art gut bestückt. Zu den beliebten einheimischen Sorten zählt in erster Linie der Grappa, der in Südtirol auch Trester genannt wird und aus den beim Keltern gepressten Trauben destilliert wird. Auch die Grappa aus den Nachbarprovinzen werden gern getrunken, entweder pur oder als *Caffè correto* in einem Espresso. Eine besondere Spezialität sind die exzellenten Obstbrände. Sie werden aus Birnen, Äpfeln, Kirschen, Zwetschgen und Aprikosen, aber auch aus Holunder, Brombeeren und Himbeeren destilliert. Der beliebte **Obstler** ist übrigens ein Brand aus verschiedenen Früchten. Neben dem Marktführer Roner (www.roner.com) gibt es kleine Hersteller, die ausgezeichnete Brände produzieren.

## Essen gehen

In Italien, also auch in Südtirol, werden die **Essenszeiten** streng eingehalten: mittags von 12 bis 14 Uhr und abends frühestens ab 18, meist aber zwischen 18.30 und 20 Uhr. Wo viele italienische Gäste verkehren, verschieben sich die abendlichen Zeiten auf 19–21 Uhr. Nur wenige Restaurants haben eine durchgehend geöffnete Küche.

Mit Ausnahme von Pizzerien und auf Berghütten ist es wie im übrigen Italien verpönt, im Restaurant nur einen einzigen Gang, z. B. nur ein Nudelgericht, zu bestellen. Zu einem gelungenen Essen gehören in Südtirol wenigstens eine Vorspeise, ein Hauptgericht mit Salat, Nachtisch und zum Abschluss ein Espresso. Die Gebühr für *pane e coperto,* Brot und Gedeck, wird in Südtirol immer seltener erhoben.

Eine **Reservierung** ist in den meisten Fällen nicht nötig. Nur in den viel besuchten ›Gourmettempeln‹ ist ohne Vorbuchung fast nie ein freier Platz zu finden. In den meisten öffentlichen Restaurants ist es eher unüblich, dass der Gast ›platziert‹ wird. Jeder sucht sich selbst einen freien Tisch. Anders sieht es in Hotelrestaurants aus, wo viele Hausgäste verkehren. Pensionsgäste bekommen für die Dauer des Aufenthalts einen festen Tisch zugewiesen, der mit der Zimmernummer oder einem Namensschild gekennzeichnet ist.

### Qualitätsprodukte

Wirklich sicher kann man nie sein. Es ist durchaus möglich, dass die ›frische Bergmilch‹ auf der Jausenstation aus einem Papierkarton stammt und mit der Seilbahn hochgeschafft wurde. Gewähr, dass die Lebensmittel wirklich in Südtirol unter kontrollierten Qualitätskriterien hergestellt wurden, bietet die Schutzmarke ›Südtirol‹, die für Äpfel, Apfelsaft, Gemüse, Beeren, Honig, Milch, Käse, Brot, Apfelstrudel und Grappa vergeben wird. www.hallo.com/markenprodukte informiert ausführlich.

# Kulinarisches Lexikon

Die meisten Speisekarten in den Südtiroler Gasthäusern sind zweisprachig: deutsch und italienisch. Italienisch-Kenntnisse sind kaum nötig. Allerdings gibt es einige Südtiroler Gerichte und spezielle Bezeichnungen, die nördlich der Alpen eher unbekannt sind. Auch haben sich italienische Begriffe (oft aus der Nachbarprovinz Trentino) durchgesetzt, die auf den Speisekarten oft nicht übersetzt werden.

## Südtiroler Gerichte

**Bozner Soße** Soße zum Spargel mit Öl, Essig, hartgekochtem Ei, Kräutern
**Buchteln** Hefegebäck
**Buchweizentorte** Buchweizenmehl mit Haselnüssen und Preiselbeeren
**Fleischkrapfen** Frikadellen
**Frittatensuppe** Brühe mit kleingeschnittenen Pfannkuchen
**Gerstlsuppe** Graupensuppe
**Geselchtes, Selchfleisch** geräuchertes Schweinefleisch
**Bauerngröstl** Pfannengericht mit Fleisch und Bratkartoffeln
**Jause** Mahlzeit am Vormittag
**Kaiserschmarrn** gerupfter Pfannkuchen mit Rosinen, Pinienkernen und Puderzucker
**Kaminwurzen** kleine Dauerwürste
**Köschtn** Kastanien
**Knödel** aus Brot, Mehl, Eiern, Petersilie, Zwiebeln, oft mit Speck, Leber oder Wurst. Serviert als eigenes Gericht, etwa in Brühe, oder als Beilage
**Krautkrapfen** in Nudelteig eingerolltes Sauerkraut, in der Pfanne aufgebacken
**Marende** Mahlzeit am Nachmittag
**Nocken** Teigklößchen
**Plenten** Südtiroler Name für Polenta
**Saure Suppe** Brennsuppe mit Kutteln
**Schlutzkrapfen** Südtiroler Variante der Ravioli, gefüllt mit Spinat
**Schöpsernes** Hammelfleisch
**Schüttelbrot** haltbares knuspriges Fladenbrot aus Roggenmehl
**Schwarzplenten** Buchweizen
**Surfleisch** in Gewürzsud eingelegtes Fleisch
**Tirtlen** Teigtaschen mit Krautfüllung
**Topfen** Quark
**Treber/Trester** Südtiroler Bezeichnung für Grappa
**Weinsuppe** Fleischbrühe mit Wein, Ei, Sahne und Brotwürfeln
**Zelten** Weihnachtsgebäck aus Bozen, eine Art Früchtebrot

## Italienische Gerichte

**antipasto** kalte Vorspeisen, z. B. eingelegtes Gemüse, Wurst, Schinken
**al ferro** vom Rost
**al forno** aus dem Backofen
**carne salada** gebeiztes Ochsenfleisch aus dem Trentino
**formaggio** Käse
**frutta** Obst
**funghi** Pilze
**gnocchi** die italienische Art der Nocken aus Kartoffeln oder Grieß
**macchiato** Espresso mit einem Schuss Milch
**minestra** Gemüse-Suppe
**panino** das italienische Brötchen
**pasta** Teigwaren
**pasta e fagolini** Bohnensuppe nach venezianischer Art
**pesce** Fisch
**polenta** Maisbrei, Maisgrütze
**risotto** Reisgericht
**spaghetti al aglio e olio** Nudeln mit Knoblauch und Olivenöl
**verdure** Gemüse
**vitello tonnato** kaltes Kalbfleisch mit Thunfischcreme

## Restaurantführer

Seit ein paar Jahren gibt der renommierte französische Gault Millau in Zusammenarbeit mit dem italienischen Gastroführer Le Guide de l'Espresso auf Deutsch eine Sonderausgabe für Südtirol heraus (6,50 €), in der neben den mit ›Hauben‹ ausgezeichneten Spitzenrestaurants auch Häuser aufgeführt werden, die eine gute bodenständige Küche aufweisen.

## Preisniveau

Wie in allen Ländern hängt es von der Qualität des Restaurants und der Speisen ab, wie viel nach dem Essen auf der Rechnung steht. Allgemein lässt sich sagen, dass Südtirol zwar auch beim Essengehen kein billiges Reiseland mehr ist, aber dass das Preis-Leistungs-Verhältnis im Vergleich zu nördlichen Zielen zumeist besser ist. Bei den Restaurantempfehlungen im Kapitel ›Orte von A bis Z‹ werden jeweils die Preise für ein Hauptgericht als Beispiel genannt. Wer Halbpension bucht, kommt in aller Regel preisgünstiger weg. Allerdings ist Übernachtung mit Frühstück und Abendessen oftmals erst ab einem Aufenthalt ab 3 Tagen zu haben.

## Die Bars

Mit einem Abend-Etablissement hat eine Südtiroler Bar nichts gemein. In der Bar trifft sich jeder, um an der Theke schnell einen Espresso, ein Glas Wein oder ein Bier zu trinken. An den Tischen, an denen es manchmal teurer ist, nehmen meist nur Urlauber Platz. Beim Wein gibt es eine ungeschriebene Regel: Bis mittags dürfen Weißweine getrunken werden, anschließend kommt nur noch ein Roter ins Glas.

Die Bars sind in vielen Dörfern der einzige Ort, an dem außerhalb der strengen Essenszeiten etwas Nahrhaftes wie ein *panino* zu bekommen ist. Das Brötchen mit Wurst oder Käse kann man sich aber auch – preiswerter – in fast jedem Lebensmittelladen zubereiten lassen.

## Kaffee

In einigen Urlaubsorten wird der Cappuccino statt mit aufgeschäumter Milch mit Schlagsahne serviert. Wer die traditionelle Art mag, muss dies extra sagen. Südtiroler trinken wie alle Italiener den großen Milchkaffee oder *caffè latte* (Cappuccino mit sehr viel Milch) übrigens nur morgens, später bestellen sie einen *espresso* oder einen *macchiato*, einen Espresso mit einem Schuss Milch.

## Speck und Törggelen

Das Törggelen, das nach der Weinpresse, der ›Torggl‹, seinen Namen bekam, ist ein uralter Brauch, bei dem der ›Nuie‹, der neue Wein, im Herbst bei den Weinbauern verkostet wird. Dazu werden Speck, Maronen (geröstete Esskastanien), geräucherte Würste und luftgetrocknetes ›Schüttelbrot‹ mit Kümmel gereicht.

Allerdings ist der Speck manchmal nicht mehr das, was er einst war. Bis vor wenigen Jahrzehnten hatte jedes Tal seine eigene Tradition, eine ganze Schweinehälfte mit den verschiedensten Kräutern und Gewürzen zu beizen, mild zu räuchern und anschließend über Monate hinweg in einem gut durchlüfteten Raum zu lagern. Heute stammt das Schweinefleisch zum großen Teil aus Holland und Deutschland und wird in Fleischfabriken zu ›Südtiroler Speck‹ getrimmt. Gewähr für eine traditionelle Bearbeitung des Fleisches bieten noch am ehesten die kleinen Schlachter in den Dörfern und die Produzenten, die ihren Speck unter dem Markennamen ›Südtirol‹ vertreiben.

# Aktivurlaub

Ein Sport für Mutige – Klettern in den Dolomiten

## Angeln

Das Angeln und Fischen in den Bergseen und Bächen ist nur mit Lizenz *(permesso)* zu speziellen Zeiten erlaubt. Infos geben die lokalen Verkehrsbüros.

## Bergsteigen und Wandern

Ob einfache Spaziergänge im Tal, aussichtsreiche Höhenwanderungen, mehrtägige Touren von Berghütte zu Berghütte, Fernwanderungen oder anspruchsvolle Gipfelbesteigungen – in Südtirol gibt es zahlreiche, gut organisierte Möglichkeiten. Zahlreiche Seilbahnen, Sessellifte und Kabinenumlaufbahnen sind auch im Sommer geöffnet und erleichtern die andernfalls doch langen Anstiege. Die beste Wandersaison sind die Monate Juli bis September. Davor und danach sind viele Aufstiegshilfen nicht in Betrieb, etliche Berghütten geschlossen, und die Busse verkehren seltener.

**Sicherheitshinweise:** Die Gefahren im Hochgebirge dürfen nicht unterschätzt werden. Ein Kälteeinbruch mit Schnee kommt in höheren Lagen auch im Sommer vor, Regen und Gewitter können aus leichten Wegen gefährliche Rutschpartien machen. Feste Bergschuhe, Regenschutz und warme Kleidung im Rucksack sind unerlässlich. Das aktuelle Bergwetter kann man der Südtiroler Tageszeitung ›Dolomiten‹ und dem Web unter www.stol.it entnehmen.

In fast allen Ferienorten werden über die Verkehrsämter, die ansässigen Bergsteigerbüros und die Naturparkverwaltungen auch geführte Wanderungen, Kletterexkusionen und Gipfelbesteigungen aller Schwierigkeitsgrade angeboten. Die 14 Alpinschulen sind über den Verband der Südtiroler Berg- und Skiführer, Weintraubengasse 9, 39100 Bozen (Italien), Tel. 04 71 97 63 57, www.bergfuehrer.suedtirol.info, zu erreichen.

Neben unzähligen privaten Schutzhütten in den hohen Lagen der Berge führen der Alpenverein Südtirol AVS (www.alpenverein.it) und der Club Alpino Italiano CAI (www.cai.it) alpine Schutzhäuser. Übernachten kann hier jeder Wanderer. Im Lager kostet die Übernachtung für Nicht-Mitglieder ca. 16 €, für Alpenvereinsmitglieder ca. 8 €. In einem Zimmer zahlen Nicht-Mitglieder ca. 21 €, Mitglieder ca. 10 €. Kostenlose Infos über Schutzhütten, Wege usw. gibt die Alpine Auskunft, Pfarrplatz 11, 39100 Bozen (Italien), Tel. 04 71 99 99 55, Fax 04 71 99 99 00, Mo–Fr 9–12 und 14–17 Uhr.

Jeweils 35 Touren beschreiben die Bände ›Wandern in den Dolomiten‹ und ›Wandern in Südtirol‹ aus der Reihe ›DuMont Aktiv‹.

## Golf
Golfplätze gibt es in Petersberg bei Deutschnofen, in der Nähe des Karersees, im Passeier Tal zwischen St. Martin und St. Leonhard, im oberen Gadertal bei Corvara, im Pustertal bei Brixen und im Burggrafenamt bei Lana. Alle Clubs bieten ›Schnupperkurse‹ und Spielmöglichkeiten für Gäste an. Links zu allen Golfclubs sind unter www.golf insuedtirol.it zu finden.

## Inlineskating
Im ›Eisring Ritten‹ (Tel. 04 71 35 66 06) gibt es einen Funpark mit Halfpipe und Jumps, Skate-, Helm-, und Schutzausrüstungsverleih. Kleinere Bahnen haben Bozen, Eppan, Gais, Kastelruth, Sand in Taufers, Sterzing und Toblach. Auch auf den Radwegen sind immer mehr Inlineskater anzutreffen.

## Paragliding und Gleitschirmfliegen
Tandemflüge und Kurse im Gleitschirmfliegen über die grandiose Bergwelt werden an etlichen Plätzen angeboten, z. B. auf der Seiser Alm und am Schlern, im Grödner- und Pustertal und im oberen Gadertal. Über alle Veranstaltungen in Südtirol informiert www.paragliding.it.

## Rad
In den letzten Jahren wurde in Südtirol das Radwegenetz erheblich ausgebaut. In den breiten Ebenen des Burggrafenamtes, im Unterland, aber auch im Vinschgau, im Pustertal und Passeier sowie im Überetsch gibt es abseits der großen Autostraßen zahlreiche verkehrsarme Nebenstraßen, Wirtschaftswege und eigens angelegte Radwege. So ist z. B. der Radweg von Bozen im Etschtal über Trento und Rovereto bis zur südlichen Provinzgrenze des Trentino durchgehend befahrbar. Auch bei den Radrouten im Pustertal und im Vinschgau fehlen nur noch wenige Teilstrecken. Gut ausgebaut ist auch das innerstädtische Radnetz in Bozen. Infos zum aktuellen Ausbaustand gibt es unter www.theil.it.

Naturgemäß ist die Südtiroler Bergwelt ein Eldorado für Mountainbiker. In vielen Seilbahnen können auch Räder transportiert werden. Um Konflikte mit Wanderern zu vermeiden, dürfen manche Wege jedoch nicht befahren werden. Örtliche Verkehrsbüros geben Auskunft über Sperrungen und halten Karten und Tourenbeschreibungen bereit. In den Städten und größeren Orten können Fahrräder (auch Mountainbikes) ausgeliehen werden. Alles über MTB-Touren in Südtirol findet man auf www.bikeareana.it und www.moun tainbiker.it.

## Rafting
Auf den Flüssen Eisack, Rienz und Etsch sind leichte, aber auch anspruchsvolle Raftingtouren möglich. Anbieter solcher Touren werden in ›Orte von A bis Z‹ genannt.

## Reiten
Geführte Exkursionen, Reitkurse und Ferien auf Reiterhöfen gibt es u. a. im Schlerngebiet, auf dem Ritten, im Pustertal, auf der Seiser Alm und im Gadertal. Infos über die Verkehrsämter.

## Wasserspaß
Zum Schwimmen wird man zwar nicht unbedingt extra ins Land der Berge fahren. Aber neben zahlreichen öffentlichen Frei- und Hallenbädern, von denen einige in den letzten Jahren zu Spaßbädern umgebaut wurden, bieten einige Badeseen und Badeweiher erfrischende Abwechslung. Der Kalterer See

## Heubad

Beim Übernachten in den Heustadeln oben auf den Almen bemerkten die Bergbauern im Schlerngebiet, dass das Heu der Hochalmen besondere Eigenschaften besitzt. Denn am nächsten Morgen waren Anspannungen des Vortages wie weggeblasen. Dies sprach sich rasch herum, und schon bald kamen die ersten ›Auswärtigen‹, um im Heu zu ›baden‹. Die Blütezeit dieser volkstümlichen Badekultur war im 19. Jh. Auch in den Südtiroler Heubädern von heute – vom 4-Sterne-Hotel bis zum Heubadl am Bauernhof – wird nur frisches Gras und Heu höchster Güte von ungedüngten, unbehandelten Almböden verwendet. Für 20–30 Min. wird man ins etwa 40 Grad warme Heu gebettet. Durch die Transpiration entschlackt der Körper und nimmt durch die geöffneten Poren die vielfältigen Inhaltsstoffe des artenreichen Gebirgsheues auf.

(s. S. 61) und die beiden Montiggler Seen (s. S. 52) sind die wärmsten und beliebtesten. Segeln ist auf dem Kalterer See und auf dem Reschensee (s. S. 72; hier auch Kite-Segeln) möglich. Surfmöglichkeiten bestehen zusätzlich u. a. auf dem Haidersee, dem Pragser Wildsee und dem Dürrensee.

## Wellness

Der Bade- und Kururlaub hat in Südtirol eine lange Tradition, schon bevor er mit dem zeitgemäßen Begriff ›Wellness‹ nun in aller Munde ist. An erster Stelle ist hier die Kurstadt Meran (S. 72) zu nennen, die bereits im frühen 19. Jh. Treffpunkt der ›besseren Kreise‹ aus ganz Europa war. Dabei ging es weniger um das Kurieren eines spezifischen Übels als um ein ganzheitliches Erlebnis, das Körper und Seele gut tat. An die alte Tradition will die neue ›Therme Meran‹ anknüpfen, die im Herbst 2005 eröffnet wird. In einer riesigen Parklandschaft wird es neben anderen Einrichtungen ein 1400 m² großes Spa- & Wellnesscenter geben (www.terme merano.com).

Trafen sich im habsburgischen Meran der europäische Adel und das wohlbetuchte Bürgertum, erholte sich die einfache Bevölkerung in den Südtiroler ›Bauernbadln‹ bei Heu- und Wasserbädern. Ein paar der traditionsreichen Bäder bestehen noch und wurden mit neuzeitlicher Ausstattung und Komfort wiederbelebt. Infos über die althergebrachte Wellness-Kultur finden sich unter www.badlkultur.com.

In den letzten Jahren haben viele Hotels in Südtirol ihre Wellness-Abteilungen erweitert und/oder neu gebaut. Wie in anderen Urlaubsregionen auch, sind manche Hoteliers aber nur auf den Wellness-Zug aufgesprungen und vermarkten Einrichtungen, die strengen Wellness-Kriterien nicht genügen. Sicherheit hat man in den 29 Hotels der Provinz, die sich zur Belvita-Gruppe zusammengeschlossen haben und einen hohen Wellness-Standard garantieren (www.belvita.it).

## Wintersport

Die Skigebiete in Südtirol haben sich zu zwei großen Verbünden zusammengeschlossen. Die Gemeinden in Alta Badia, Eisacktal, Gröden, Seiser Alm, Hochpustertal, Karersee, Kronplatz und Obereggen bilden die Vereinigung **Dolomiti Superski** (www.dolomitisuper ski.com). Das gemeinsame Skirevier umfasst über 1200 km Abfahrtspisten und reicht über die Provinzgrenzen Südtirols ins Trentino und Belluno hinaus. Es ist damit eines der größten der Welt. Der zweite Verbund ist die **Ortler Skiarena** der Skireviere am Rittner Horn, in Reinswald, Hafling/Meran 2000, Haider Alm, Schöneben, Maseben, Pfelders, Latsch, Schnals, Sulden, Trafoi, Ulten, Reschen und am Watles (www.ortlerskiarena.com). Snowboarder finden in allen Gebieten vielfältige Möglichkeiten.

In beiden Verbünden steht in den Tälern ein ausgedehntes Loipennetz zur Verfügung. Zentrum des Langlaufs ist das Antholzer Tal. Außerdem gibt es in allen Tälern Rodelbahnen, Eislaufplätze und geräumte Winterwanderwege. Skipässe aller Varianten werden angeboten: Saisonkarten (Dez. bis Mitte April), Tages- oder Mehrtageskarten, jeweils für das Gesamtgebiet oder für einzelne Regionen. Skischulen und Skiverleih gibt es in jedem Wintersportort. Im Internet sind die Skischulen unter www.suedtiroler-skischule.it zu finden. Mit den Gletschern im Schnalstal und am Stilfser Joch besitzt Südtirol auch zwei Sommerskigebiete. Der Lawinenwarndienst ist telefonisch unter 04 71 27 05 55 und 04 71 27 11 77 sowie unter www.provinz.bz.it/lawinen/ zu erreichen.

**Surfer auf dem Reschensee im Vinschgau**

## Auskunft

Allgemeine touristische Auskünfte über die italienischen Regionen und Provinzen erteilen die Büros des Staatlichen Italienischen Fremdenverkehrsamtes ENIT (www.enit.de). Unter der gebührenfreien europaweiten Telefonnummer 00 800 00 48 25 42 können kostenlos Prospekte bestellt werden. Umfangreicheres Infomaterial erhält man aber direkt

**… in Südtirol**
Südtirol Marketing
Pfarrplatz 11
39100 Bozen (Italien)
Tel. 04 71 99 99 99
Fax 04 71 99 99 00
info@suedtirol.info
www.suedtirol.info

## Einreise

EU-Bürger werden beim Grenzübertritt kaum kontrolliert. Trotzdem muss man – wie die Schweizer auch – Ausweispapiere dabei haben. In einem EU-Mitgliedsstaat gekaufte Waren für den Eigenbedarf können problemlos mitgeführt werden (Richtmengen: z. B. 800 Zigaretten, 10 Liter Spirituosen, 90 Liter Wein). Für Schweizer gelten reduzierte Freimengen (z. B. 200 Zigaretten, 2 Liter Wein, 1 Liter Spirituosen).

## Anreise

### Mit dem Flugzeug

Der kleine **Airport Bozen Dolomiten** (Tel. 04 71 25 40 70) wird im Linienverkehr von Air Alps aus München und Rom angeflogen (Flugplan: www.provinz.bz.it/flugplan). Von dort in die Stadt nur per Taxi.

Möglich ist aber auch ein Billigflug in eine der norditalienischen Städte, von denen gute, rasche Zugverbindungen nach Südtirol bestehen. Air Berlin (www.airberlin.de) fliegt von Berlin und Düsseldorf nach Mailand/Bergamo, Germanwings (www.germanwings.com) von Köln/Bonn nach Bologna, Mailand und Verona, Hapag Lloyd Express (www.hlx.com) von Hannover nach Mailand/Bergamo sowie von Berlin, Hamburg, Köln/Bonn und Stuttgart nach Venedig.

### Mit der Bahn

Die wichtige internationale Bahnlinie über den Brenner fährt im 2-Stunden-Takt von Deutschland (München) über Innsbruck nach Italien; die EC-Züge halten in Brenner, Brixen und Bozen, einzelne D-Züge stoppen auch in Sterzing. Durch das Pustertal führt die Bahnstrecke von Lienz in Österreich nach Franzensfeste im Eisacktal mit Anschluss an die Brennerlinie. Autoreisezüge fahren von Hamburg, Hildesheim, Dortmund, Düsseldorf und Berlin nach Bozen.
**Infos** über Zugverbindungen nach und in Südtirol: www.bahn.de, www.autoreisezug.de und www.trenitalia.com.

### Mit dem Bus

Urlauber, die ein Quartier im Gebiet der Tourismusverbände ›Meraner Land‹ oder ›Südtirols Süden‹ gebucht haben, können die preiswerte Busverbindung ab München (49 bzw. 47 € hin und zurück) nutzen, die von Mitte März bis Mitte Nov. jeden Sa verkehrt. Buchungen über die Tourismusbüros in Südtirol, Bezahlung im Bus.

Aus der Schweiz (von St. Gallen über Winterthur, Zürich, Sargans) verkehrt von Mitte März bis Ende Okt. jeden Sa der ›Südtirol-Express‹ (140 SFR hin und zurück). Buchung: Südtirol-Express, Dürrenmüli, 4, Ch-9302 Kronsbühl, Tel. 071-2 98 11 11, Fax 071-2 98 09 17, suedtirolexpress@dplanet.ch.

### Mit dem Auto

Die Hauptroute ist die stauträchtige, mautpflichtige Brenner-Autobahn, die von Innsbruck durch das Wipp- und Eisacktal nach Bozen und weiter über Trento nach Verona führt. Parallel zur Autobahn verläuft die passabel ausgebaute alte Bundes- bzw. Staatsstraße.

Über den Reschenpass gelangt man vom österreichischen oberen Inntal in den Südtiroler Vinschgau. Von Osttirol wird das Südtiroler Pustertal über Sillian und den Grenzübergang Winnebach erreicht. Der leichteste Straßenzugang von der Schweiz besteht durch das Münstertal in den Vinschgau. Alle anderen Straßenverbindungen von Norden oder Westen (Umbrail Pass/Stilfser Joch, Timmelsjoch, Staller Sattel) sind nur im Sommer befahrbare serpentinenreiche Hochgebirgsstraßen, die einige Anforderungen an das fahrerische Können stellen.

## Geld

Südtirol gehört wie das übrige Italien zur Euro-Zone. Viele Hotels, Restaurants und Geschäfte akzeptieren Kreditkarten, EC-Karten allerdings seltener. An Geldautomaten, die in nahezu allen Orten zu finden sind, lässt sich rund um die Uhr mit Kredit- und EC-Maestro-Karten Geld abheben.

## Sicherheit

Die Diebstahlsgefahr ist in Südtirol nicht größer als in anderen Urlaubsregionen Mitteleuropas, eher geringer. Dennoch sollten die üblichen Vorsichtsmaßnahmen (z. B. keine Wertgegenstände im Auto lassen, Achtung bei Gedränge) selbstverständlich sein.

## Notfall

**Notrufzentrale:** 113
**Sanitärer Notruf, Bergrettung:** 118
**Polizei:** 112
**Feuerwehr:** 115
**Pannenhilfe:** 116
**ADAC in Mailand:** 02 66 15 91

### Diplomatische Vertretungen

**Honorarkonsul (für Deutschland) für Südtirol und Trentino**
Dr.-Streiter-Gasse 12, 39100 Bozen
Tel. 04 71 97 21 18
Fax 04 71 97 57 79

**Amtslokal des Generalkonsulats der Republik Österreich**
Silbergasse 6, 39100 Bozen
Tel. 04 71 97 03 94

**Generalkonsulat der Schweiz**
Via Palestro 2, 20121 Mailand
Tel. 02 77 79 161
Fax 02 76 01 42 96

## Telefonieren

Die Vorwahl nach Italien ist 00 39. Für Telefonate stehen in Südtirol in den Städten die Telecom-Zentralen, ansonsten öffentliche Fernsprecher in Bars oder Telefonzellen zur Verfügung. Die meisten Apparate akzeptieren Telefonkarten, die es im Gegenwert von 2,58, 5,25 und 7,75 € in Telefonzentralen, Tabakläden *(tabacchi)* und gelegentlich bei Tourismusvereinen gibt. Die nationale Auskunft hat die Nummer 12.

Aus Südtirol wählt man für Deutschland die Landesvorwahl 00 49, für die Schweiz 00 41 und für Österreich 00 43. Die erste Null der Ortsvorwahl bzw. der Rufnummer entfällt dann.

**Mobil telefonieren:** In Italien können alle EU-Handys benutzt werden, sofern der Roaming Service freigeschaltet ist. Die Kosten können aber exorbitant werden, denn wenn man von zuhause angerufen wird, zahlt man die Verbindung aus dem Heimatnetz nach Italien selbst. Abseits großer Städte und wichtiger Verkehrsadern ist der Empfang in Bergregionen nicht immer gesichert.

**Achtung:** Hat man ein italienisches Netz ausgewählt, kann man eine Nummer im Land ohne Landesvorwahl anrufen, ist aber nur mit der Vorwahl des eigenen Heimatlandes erreichbar.

## Öffnungszeiten

**Banken:** Mo–Fr 8–12 und 15–16 Uhr; in manchen Tourismusorten auch Sa Vormittag.

**Post:** Zumeist Mo–Fr 8.15–13 Uhr; in den Städten auch nachmittags und Sa Vormittag.

**Geschäfte:** Mo–Fr 8/9–12/12.30 und 14/16–19/19.30 Uhr, Sa meist nur vormittags; in einigen Hauptferienorten in der Hochsaison z. T. auch So Vormittag.

**Restaurants:** Warme Küche 12–14 und 18/19–21/22 Uhr; in der Hochsaison oft ohne Ruhetag.

## Gesundheit

Die medizinische Versorgung entspricht mitteleuropäischem Standard. Gesetzlich krankenversicherte Österreicher und Deutsche sind über die Europäische Krankenversicherungskarte abgesichert. Diese wird ab Dez. 2005 ausgegeben und ersetzt den früheren Auslandskrankenschein E 111. Wenn man die Behandlungskosten auslegen muss, kann man das Geld gegen Vorlage der Rechnung von seiner Kasse zurückerhalten. Der Abschluss einer Reisekrankenversicherung ist empfehlenswert.

Die Adressen von Ärzten und Apotheken, die Nacht- oder Sonntagsdienst versehen, sind der Südtiroler Tageszeitung ›Dolomiten‹ zu entnehmen.

## Behinderte

Seilbahnen, die über große Kabinen verfügen, transportieren auch Rollstühle in die Höhe. Aber oben setzen die holprigen, steinigen Wege der Bewegungsfreiheit von Rollstuhlfahrern enge Grenzen. Menschen mit Behinderungen wird in vielen Museen und Ausstellungen eine Preisermäßigung gewährt. Speziell ausgestattete Hotels sind in Südtirol die Ausnahme. Die Website www.hotel.bz.it informiert über die Zugänglichkeit von Unterkünften für Menschen mit verringerter Mobilität.

## Unterwegs in Südtirol

### Mit dem Auto

An ausländischen Fahrzeugen muss das Hoheitskennzeichen angebracht bzw. im Nummernschild enthalten sein. Die

Grüne Versicherungskarte wird bei Unfällen benötigt und bei Verkehrskontrollen oft verlangt.

**Verkehrsregeln:** Im Wesentlichen die gleichen wie im übrigen Europa. Zusatztafeln sind in Südtirol zweisprachig: italienisch und deutsch. Die Höchstgeschwindigkeit in geschlossenen Ortschaften beträgt 50 km/h, auf Landstraßen 90 km/h und auf Autobahnen 130 km/h. Außerhalb der Ortschaften muss auch am Tag das Abblendlicht eingeschaltet sein (Zweiräder auch innerhalb der Orte). Privates Abschleppen ist auf Autobahnen verboten. Die Promillegrenze liegt bei 0,5. Zahlreiche Pass-Straßen werden auch im Winter frei gehalten, müssen aber mit Schneeketten befahren werden (Hinweisschilder stehen am Beginn der Straßen). Aktueller Verkehrsbericht und Infos über eventuelle Pass-Sperrungen erhält man unter www.provinz.bz.it/verkehr.

**Tanken:** Bleifreies Benzin *(senza piombo)* ist an so gut wie allen Tankstellen erhältlich. Viele Stationen sind am frühen Nachmittag, sonntags und nachts geschlossen. Einige verfügen aber über Automatensäulen zum Self-Service, die Geldscheine annehmen. Durchgängig geöffnet sind die Tankstellen an Autobahnen und Grenzübergängen.

## Mietwagen und Taxi

Die Reservierung über die großen internationalen Mietwagenfirmen im Heimatland ist in der Regel günstiger als die Buchung bei lokalen Anbietern vor Ort. Hertz (www.hertz.de) und Avis (www.avis.de) beispielsweise haben Filialen in Bozen, wo die reservierten Autos abgeholt werden können.

In allen größeren Orten gibt es Taxen. Bei Ortsfahrten kommen zur Grundgebühr ein Kilometer- und ein Gepäckzuschlag hinzu. Für Überlandfahrten werden meist Festpreise vereinbart.

## Mit der Bahn

Regionale Zugverbindungen bestehen im Eisack- und Etschtal vom Brenner über Bozen bis nach Salurn und weiter nach Trento und Verona, im Pustertal von Franzensfeste über Bruneck und Innichen nach Winnebach. Der Zugverkehr zwischen Bozen und Meran und – mit Umsteigen in Meran – durch den Vinschgau nach Mals folgt einem stündlichen Takt.

In Italien müssen Fahrkarten vor der Reise an den Automaten im Bahnhof abgestempelt werden.

## Mit dem Bus

Nahezu alle Dörfer und Täler werden durch regelmäßig verkehrende Linienbusse angefahren. Nur am Wochenende und in den Wintermonaten sind manche entlegene Orte schwer oder gar nicht zu erreichen.

Neben Einzelfahrscheinen können Urlauber auch die preisgünstigeren Wertkarten zu 5, 10 oder 25 € nutzen, die auf allen Stadtbus- und Überlandbusstrecken sowie allen Bahnlinien Südtirols und in Seilbahnen gültig sind. Die Kosten für die Einzelstrecken werden vom Fahrer oder am Fahrscheinautomaten im Bus abgebucht. Die Wertkarten sind in den Überlandbussen, an Bahnhöfen, größeren Busstationen, in etlichen Tabakläden und manchen Verkehrsämtern erhältlich.

## Fahrplan-Informationen

Über die kostenlose Service-Nummer 800 84 60 47 (nur in Italien anwählbar) oder im Internet unter www.sii.bz.it.

# Orte vo

Über sanfte Almwiesen spazieren, die grandiose Bergwelt der Dolomiten auf Wandertouren erleben, mit dem Rad durch fantastisch schöne Täler brausen, stolze Burgen, barocke Kirchen und prachtvolle Schlösser besuchen, durch mittelalterliche Städte auf Einkaufsbummel schlendern, die Mischung aus italienischer und österreichischer Küche genießen, exzellente Weine verkosten – dieser

# n A bis Z

Südtirol-Führer gibt Ihnen zahlreiche nützliche Tipps und ausgesuchte Adressen an die Hand, damit Ihr Aufenthalt zu einem unvergesslichen Erlebnis wird. Und wer in Südtirol Besonderes sehen möchte, dem seien die fünf Extra-Touren empfohlen. Südtirol in kompakter, überschaubarer Form – für alle, die viel entdecken und nichts verpassen möchten.

# Bozen/Bolzano (F6)

Mächtig hat sich die früher so verschlafene Provinzhauptstadt Südtirols in den letzten Jahren gewandelt. Mit der Gründung der Universität, der Aufnahme des Linienflugverkehrs und den zahlreichen Neubauten wie Theater und Messe hat Bozen (97 500 Einwohner) endgültig den Sprung in die moderne Zeit geschafft. Dabei blickt die Stadt auf eine lange, glanzvolle Vergangenheit zurück. Aus einer Militärstation der Römer (um 15 v. Chr.) hervorgegangen, entwickelte sich Bozen am wichtigen Verkehrsweg über die Alpen zu einer reichen Kaufmanns- und Handelsstadt. Die Bauten der Altstadt zeugen noch heute davon. Eine Zäsur war die rigorose Italisierungspolitik unter Mussolini zwischen den beiden Weltkriegen, im Zuge derer die Faschisten jenseits der Talfer eine völlig neue Stadt, Nuova Bolzano, schufen. Auch touristisch gewinnt Bozen mit dem neuen Archäologiemuseum (›Ötzi‹) und der baldigen Eröffnung des Bergmuseums von Reinhold Messner auf Burg Sigmundskron immer mehr an Attraktivität.

## Immer an der Etsch entlang

In Bozen an der Loretobrücke (Nähe Bahnhof) beginnt der Radfernweg, der auf eigens angelegten Wegen abseits des motorisierten Verkehrs durch das nahezu ebene Etschtal über Salurn, Trento und Roveroto bis an die Trentiner Provinzgrenze führt. Über kleine verkehrsarme Straßen lässt sich anschließend leicht Verona erreichen. Drei bis vier Tage sollten für die etwa 160 km lange Tour eingeplant werden. Für die Rückkehr können die Regionalzüge benutzt werden, die Radabteile führen.

## Sehenswert

**Waltherplatz:** Mit dem Denkmal des Minnesängers Walther von der Vogelweide in der Mitte ist der Platz einer der lebendigsten Orte der Stadt. Die Terrassen der Bars laden zum Verweilen und Schauen ein.

**Dompfarrkirche:** Mo–Fr 10–12 und 14–17, Sa 10–12 und 14–16, So 13–17 Uhr.
Obwohl der Turm mit seinen 62 m die gesamte Altstadt überragt, hat die Kirche (13./14. Jh.) für einen Dom eher bescheidene Ausmaße. Von der einst reichen Innenausstattung blieben nach den Zerstörungen im Zweiten Weltkrieg nur die schöne gotische Kanzel, einige Wandfresken und die romanische Marienstatue in der Kapelle erhalten.

**Dominikanerkloster:** Dominikanerplatz, Mo–Sa 9.30–17, So 13–17 Uhr.
Die herrlichen Fresken in der Johanneskapelle, die von italienischen Wandermalern im 14. Jh. unter dem Einfluss Giottos gemalt wurden, prägten stark das nachfolgende Kunstschaffen der Stadt.

**Museion:** Sernesistr. 1, www.museion.it, Di–So 10–18, Do 10–20 Uhr.
Noch steht das sehenswerte Museum für zeitgenössische Kunst am alten Platz, muss aber in absehbarer Zeit den Neubauten der Universität weichen. Der neue Standort wird an der Dantestraße sein.

**Obstmarkt:** Bereits Goethe schwärmte vom lebendigen Treiben auf dem farbenprächtigen Markt (Mo–Sa 8–19 Uhr); nirgendwo in Südtirol ist die Auswahl an Früchten zu jeder Jahreszeit größer.

**Laubengasse:** Seit dem Mittelalter

Sommernacht in der Altstadt von Bozen

sind die Läden unter schattigen Arkaden der Laubenhäuser im Altstadtkern Inbegriff für die Bozner Einkaufskultur, obwohl immer mehr Filialgeschäfte großer Firmen die alteingesessenen Inhaber verdrängen.

**Franziskanerkloster:** Franziskanergasse 1, Mo–Sa 8.15–12 und 14.30–19 Uhr.

Zu bewundern sind der prächtige Flügelaltar (um 1500) des Brixener Meisters Hans Klocker und der eindrucksvolle Kreuzgang.

## Highlight 1

**Südtiroler Archäologiemuseum:** Museumstr. 43, www.iceman.it, Di–So 10–18, Do 10–20 Uhr.

Es lässt sich darüber streiten, ob eine menschliche Leiche zur Schau gestellt werden darf. Aber ohne jede Frage ist ›Ötzi‹, die ca. 5300 Jahre alte Mumie aus dem Eis des Similaungletschers, Magnet des Museums und zieht Hunderttausende von Besuchern an. Der Mann aus dem Eis, dessen Fund im Jahr 1991 eine wissenschaftliche Sensation war, ruht in einer Kältekammer und kann durch ein Guckloch bestaunt werden. Nicht minder interessant ist die restliche Ausstellung, die den Gletschermann fundiert in den Kontext der Geschichte von der Steinzeit bis zum frühen Mittelalter stellt.

**Runkelstein:** www.gemeinde.bozen.it/runkelstein, Di–So 10–18 Uhr.

Die Fresken im Schloss am Eingang des Sarntales (Stadtbus Nr. 12 und Rad- und Spazierweg entlang der Talfer-Promenaden) zeigen die höfische Rittergesellschaft in eleganter Kleidung bei Tanz, Jagd und Turnieren; Burgschenke im Innenhof.

**Pfarrkirche Gries:** Martin-Knoller-Str., April–Okt. Mo–Fr 10.30–12 und 14.30–16 Uhr.

Die Kirche im Bozner Stadtteil Gries (Bus Nr. 10) besitzt den wohl bedeutendsten Bozner Kunstschatz, den Marienkrönungsaltar des Brunecker Meisters Michael Pacher, der als Höhepunkt spätgotischer Schnitzkunst gilt.

**Burg Sigmundskron:** Die mächtige Burgruine aus dem 12. Jh. im Südwesten der Stadt (Haltestelle der Buslinie ins Überetsch am Bergfuß) wird derzeit umfassend restauriert und umgebaut. Voraussichtlich ab 2006 wird die Anlage das Messner Mountain Museum beherbergen. Das Projekt, das in der Südtiroler Öffentlichkeit stark umstritten ist, soll einen ›Begegnungsraum Mensch – Berg‹ schaffen. Derzeit kann Sigmundskron nicht besichtigt werden.

## Sport & Freizeit

**Wandern:** Drei Seilbahnen im Stadtgebiet erschließen die Wanderreviere auf den Höhenterrassen des Ritten (Talstation in Bahnhofsnähe), Salten (Stadtbus 12/14 zur Talstation) und Kohlerer Berg (Stadtbus 14).

**Rad:** Mit den Stadträdern, die am Stand in der Bahnhofsallee (Nähe Waltherplatz) preiswert gegen Vorlage des Ausweises gemietet werden können (Ostern–Okt. Mo–Sa 7.30–18.45 Uhr, bis 6 Std. 1 €), lassen sich gut die Sehenswürdigkeiten am Stadtrand besuchen; auch das Verkehrsamt vermietet Räder (5 €/Tag, Reservierung erforderlich) und veranstaltet Mi und Do jeweils 15 Uhr geführte Radtouren.

**Lido:** Das große Schwimmbad aus den 1930er Jahren an der Triester Str. ist während der heißen Sommerwochen *der* Treffpunkt der Bozner Bevölkerung (tgl. 9.30–19 Uhr).

## Einkaufen

Die **Laubengasse** ist ein wahres Einkaufsparadies. Ein Laden reiht sich an den anderen. Besser kann man in Südtirol nicht shoppen. Eines der traditionsreichsten Geschäfte ist

**Rizolli:** Laubengasse 60. Seit 1870 leisten sich Damen und Herren hier exklusive Hüte aus der geschäftseigenen Werkstatt und bewundern die Treppenaufgänge.

**Athesia:** Laubengasse 41. Ob Landkarte, Tirolensie, Roman, Briefpapier oder ein kostenloses halbes Internet-Stündchen, (fast) alles ist in Südtirols größter Buchhandlung zu haben.

**Kolibri:** Raingasse 17. Kleine, aber feine Buchhandlung mit mehrsprachigem Sortiment.

**SacherShop:** Waltherplatz. Dependance des Wiener Unternehmens mit allen süßen Köstlichkeiten.

**Triade:** Dominikanerplatz 1. Im Bioladen gibt es u. a. ›glückliche‹ Eier und Milch aus dem Schnalstal.

**Vinum:** Brennerstr. 28. Fachgeschäft mit über 1800 Qualitätsweinen (Schwerpunkt Südtirol und Italien).

**Wochenmarkt:** Sa 8–14 Uhr. Zwischen den monumentalen Bauten im ›Neuen Bozen‹ am Sieges- und IV.-November-Platz werden Bekleidung, Käse, Würste, Speck, Obst, Gemüse verkauft.

## Ausgehen

Wurden noch vor wenigen Jahren in Bozen nach 21 Uhr die Bürgersteige hochgeklappt, besitzt die Stadt jetzt zahlreiche Bars und Pubs, die bis spät in die Nacht geöffnet haben, z. B. die Sonderbar (Dr.-Streiter-Gasse), Nadamas (Obstplatz), Exil (Kornplatz), Sugar Reef (Talferbrücke) oder die Disco Miró (Dominikanerplatz).

## Feste & Unterhaltung

Bozen hat ein lebendiges zweisprachiges Kulturleben, über das die kostenlose Programmzeitschrift ›BoBo‹ (www.bobo.it) und das Verkehrsamt ausführlich informieren.

**›Volxfest‹:** Im Juli findet auf den Talferwiesen ein Volksfest der anderen Art mit internationaler Musik, Speisen und Getränken statt.

**Busoni:** Kultureller Höhepunkt der Stadt ist der internationale Pianistenwettbewerb (www.concorsobusoni.it) in den letzten beiden Wochen im August.

**Stadttheater:** Verdiplatz 40, Tel. 04 71 30 41 11, www.nuovoteatro.it. Im umstrittenen Neubau des italienischen Stararchitekten Marco Zanuso, der für die Stadt viel zu groß erscheint, werden alle Spielarten der Bühnenkunst gezeigt.
**Filmclub:** Dr.-Streiter-Gasse, www.filmclub.it. Engagiertes Programmkino des Kulturvereins, der auch jeden April die ›Bozner Filmtage‹ veranstaltet.

**Verkehrsamt:** Waltherplatz 8, 39100 Bozen, Tel. 04 71 30 70 00, Fax 04 71 98 01 28, www.bolzano-bozen.it.
Hier (und in den Museen) ist auch die übertragbare ›MuseumCard‹ für 2,50 € erhältlich, die ermäßigten Eintritt in die Bozner Museen gewährt und sich bereits bei zwei Besuchen rentiert.

**Jugendherberge:** Rittnerstr. 23, Tel. 04 71 30 08 65, Fax 04 71 30 08 58, www.bozen.jugendherberge.it, ganzjährig, pro Person 19 € (inkl. Frühstück und Bettwäsche).

## Würstl am Stand

Auch in Bozen hat sich mittlerweile die Imbiss›kultur‹ mit ihrem langweiligen Allerweltsangebot durchgesetzt. Aber an einigen Stellen (z. B. in der Goethestraße und am Obstplatz) gibt es noch die traditionellen offenen Wagen mit ihren blitzblanken Stahlflächen, an denen der Dottore im Anzug neben dem Marktarbeiter im blauen Schurz die gute Hauswurst verzehrt (2,50–2,70 €). Bezahlt wird übrigens nicht vor, sondern nach dem Essen!

Das neu eröffnete Haus befindet sich ganz in der Nähe des Bahnhofs.
**Zundlhof:** Rentscher Str. 48 b, Tel. und Fax 04 71 97 87 02, ganzjährig, DZ 30 € (28 €).
›Urlaub auf dem Weinbauernhof‹ bietet Familie Ramoser in einfachen Zimmern ganz in der Nähe der Stadt an (Stadtbus Nr. 1).
**Kolpinghaus**:** Spitalgasse 3, Tel. 04 71 30 84 00, Fax 04 71 97 39 17, www.kolping.it/bz, ganzjährig, DZ 80 €.
Alle Zimmer des angenehmen christlichen Hauses liegen zum ruhigen Innenhof; preiswerte Selbstbedienungs-Mensa; öffentliche Internet-Terminals (Telefonkarte).
**Magdalenerhof***:** Rentscher Str. 48, Tel. 04 71 97 82 67, Fax 04 71 98 10 76, www.tophotels.com/magdalenerhof, ganzjährig DZ 124 € (95 €).
Einen Pool mit Rosengarten-Blick bietet das freundliche Hotel im Vorort Rentsch (Stadtbus Nr. 1).
**Greif****:** Waltherplatz, Tel. 04 71 31 80 00, Fax 04 71 31 81 48, www.greif.it, ganzjährig und
**Laurin****S:** Laurinstr. 4, Tel. 04 71 31 10 00, Fax 04 71 31 11 48, www.laurin.it, ganzjährig, Standard-DZ 158 €.
Beide Schwester-Hotels sind exquisit in Ausstattung und Atmosphäre; entführt das Laurin bei modernstem Komfort in die Belle Époque, so wartet das Greif hinter jahrhundertealter Fassade mit von Künstlern gestalteten Zimmern inklusive Laptop mit freiem Internet-Zugang auf.

**Weißes Rößl:** Bindergasse 6, Tel. 04 71 97 32 67, ganzjährig, Sa (abends) und So geschl.
Traditionsreiches Gasthaus mit schöner

mittlerer Stube, gutbürgerliche Südtiroler Küche (Hauptgericht ab 8 €).
**Eberle:** Oswaldpromenade 1,
Tel. 04 71 97 61 25, ganzjährig.
Krönender Abschluss eines Spaziergangs am späten Nachmittag auf dem Promenadenweg über der Stadt ist ein Abendessen auf der Terrasse des Ferienhotels (reservieren!) mit Blick über Bozen und zum Rosengarten/Latemar; Südtiroler Küche mit italienischem Einfluss (Hauptgericht 16 €), gute Weine aus eigenem Anbau; DZ ab 100 €.
**Winegarden:** Dr.-Streiter-Gasse 28,
Mitte April–Mitte Okt. Mo–Sa
12–23.30, Sa bis 18 Uhr.
Freiluft-Weinbar an den marmornen Fischbänken des früheren Fischmarktes, kleine Speisen.
**Streitberger:** Museumstr. 15, Tel. 04 71 97 83 03, Mo–Sa 7.30–19.30 Uhr.
Konditorei in guter alt-österreichischer Tradition mit Eszterhàzy- und original Demel-Sachertorte.
**Brennpunkt:** Brennerstr. 7, Tel. 04 71 98 29 53, www.brennpunkt.bz,
Mo–Mi 7.30–20, Do und Fr 7.30–1,
Sa 7.30–14 Uhr.
Wer im modern gestylten Café im Haus der Südtiroler Volkspartei etwas bestellt, darf eine Stunde kostenlos surfen, jede weitere halbe Std. kostet 1 €.
**Eccetera:** Die Eisdiele an der Gerbergasse bietet Dutzende von leckeren Eissorten an, es muss ja nicht unbedingt *gomma americana pink* sein.
**Avalon:** Freiheitsstr. 44, Tel. 04 71 26 04 34, Mo–Fr 11–22, Sa und So
10–22 Uhr.
Eis aus allerbesten Naturprodukten wird in der Gelateria jenseits der Talfer hergestellt und verkauft.

**Flughafen:** Linienflüge nach München und Rom (www.abd-airport.it).
**Bahnhof:** Halt aller internationalen Fernzüge, Regionalzüge nach Meran, Klausen, Brixen, Trento, Verona.
**Bus:** Dichtes innerstädtisches Busnetz (www.sasabz.it). Busbahnhof in der Perathoner Straße (Bahnhofsnähe) für den Linienverkehr in alle Orte und Täler der Umgebung.

### Ziele in der Umgebung

**Erdpyramiden:** Auf dem Hochplateau des Ritten, zwischen den Dörfchen Lengmoos und Maria Saal, erheben sich als einzigartiges Naturdenkmal die bizarren bis zu 30 m hohen Türme aus eiszeitlichem Moränenlehm, die jeweils von einem wackeligen Deckstein gekrönt sind. Der Ausflug lässt sich gut mit der Fahrt in der historischen Rittner Bahn verbinden, die gemütlich von Oberbozen (Anschluss an die Seilbahn von Bozen) nach Klobenstein zuckelt (weiter mit dem Bus oder 1/2-stündiger Spaziergang).
**Trento:** Die Bozner Schwesterstadt (55 km) ist die Hauptstadt der Provinz Trentino, die zusammen mit Südtirol eine autonome Region bildet. Trient, wie es die Deutschen nennen, hat eine schöne Altstadt, einen prächtigen Dom, die gewaltige Anlage des Schloss Buonconsiglio und herrschaftliche Palazzi. Die Stadt kann leicht von Bozen mit einem der Eurocity-Züge erreicht werden, die nur gut 30 Min. benötigen.

## Brixen/Bressanone (H4)

Brixen (18 500 Einwohner) war und ist eine Stadt des Klerus. Als Bischofssitz im Jahr 901 gegründet, bildet das Kirchenviertel gleichsam eine Stadt in der Stadt. Erst spät erhielten die Einwohner die Bürgerrechte. Noch heute stellen das geschäftige Treiben in der Altstadt und der weihevolle Dombezirk einen deutlichen Gegensatz dar.

## Sehenswert

**Dom:** Der Blickfang am neu gestalteten Domplatz ist natürlich das Gotteshaus mit seinen beiden mächtigen Türmen. Ein Durchgang von der klassizistischen Vorhalle führt zum bedeutendsten Kunstschatz der Stadt, dem Kreuzgang. Ein Großteil der Gewölbe des Arkadenganges ist mit Fresken ausgemalt, die in einmaliger Art und Weise die Entwicklung der gotischen Wandmalerei dokumentieren (12–15 Uhr geschl.).

**Altstadt:** Verlaufen wird sich niemand in der Altstadt. Dazu ist das Viertel zu klein und überschaubar. Die Laubengänge mit zahlreichen Geschäften, Cafés und Gasthäusern strahlen eine gediegene kleinstädtische Atmosphäre aus und laden zu einem ausgedehnten Einkaufsbummel ein.

**Diözesanmuseum:** Südwestlich des Domplatzes, www.dioezesan museum.bz.it, Mitte März–Ende Okt. Di–So 10–17, im Dez. und Jan. tgl. 14–17 Uhr, Zugang nur zur Krippensammlung.

In der ehemaligen Fürstbischöflichen Burg wird in 70 Schauräumen eine überaus reiche Sammlung religiöser Kunst vom Mittelalter bis zur Neuzeit präsentiert.

## Sport & Freizeit

**Wandern:** Von St. Andrä (7 km, Bus) mit der Umlaufbahn hinauf nach Kreuztal zum Wandergebiet an der Plose. Am Brixener Hausberg beginnt auch der anspruchsvolle ›Dolomiten-Höhenweg Nr. 2‹, der in etwa 14 Tagesetappen ins Voralpenstädtchen Feltre führt.

**Rad:** Verleih für 2,50 €/Tag an der Acquarena (an der Kasse gegen Ausweisvorlage).

**Acquarena:** Altenmarktgasse 28 b, www.acquarena.com, ganzjährig tgl. 9–22 Uhr (Hallenbad), Anfang Juni–Anfang Sept. tgl. 9–19 Uhr (Freibad). Großzügiges modernes Erlebnisbad mit Sauna- und Wellness-Bereich.

## Einkaufen

In der gesamten **Altstadt** lässt sich gut einkaufen. Etwas außerhalb liegen

**Franzelli:** Bahnhofstr. 4. Der kleine feine Laden bietet eine erlesene Auswahl Südtiroler und Trentiner Weine sowie lokale Käsesorten und allerlei Köstlichkeiten mehr.

**Gebhard:** Feldthurner Str. Im Familienbetrieb am Stadtrand kann man die echte Lederhose nach Maß anfertigen lassen.

**De Gust:** Brennerstr. 1, www.degust.com. Leicht zu finden ist die Verkaufsstätte von Hansi Baumgartner nicht. Doch der Weg lohnt sich. An der Grenze zur Nachbargemeinde Vahrn präsentiert der einzige Käse-Affineur in Südtirol im schmucklosen ›Löwencenter‹ (Nähe Hotel Löwenhof) seltene sowie veredelte Käsesorten.

## Ausgehen

**La Habana:** Große Lauben 14, Tel. 04 72 83 66 51, 7.45–13 (Fr und Sa bis 14) und 17–1 Uhr, So Ruhetag. Nichts für Nichtraucher ist die schlauchschmale Bar, in der ausgesuchte Zigarren, Cocktails und gute Weine offeriert werden.

**Max:** Fischzuchtweg 30 (Nähe Eishalle), Tel. 04 72 80 21 90, www.discomax.com, Do, Fr und Sa ab 22 Uhr.
Die größte Disco in Norditalien und eine der beliebtesten in Südtirol.

## Tagesausflüge

In fast allen Südtiroler Ferienorten werden Tagesausflugsfahrten per Reisebus nach Verona, Venedig und zum Gardasee angeboten, die nicht gerade billig sind. Dank der guten Verkehrsverbindungen lassen sich diese Touren aber auch selbst preiswerter organisieren. Die Eurocitys sind von Brixen oder Bozen in 2 bzw. 1,5 Stunden in Verona. Die Regionalzüge brauchen nur wenig länger. In Verona muss man umsteigen, um die Lagunenstadt zu erreichen (plus 1 bis 1,5 Stunden für die einfache Strecke). Der Linienbus nach Torbole oder Riva dell Garda fährt am Trentiner Bahnhof Rovereto ab und benötigt eine halbe Stunde bis zum Gardasee.

## Feste & Unterhaltung

**Dekadenz:** Obere Schutzengelgasse 3 a (Stadtteil Stufels), Tel. 04 72 83 63 93, www.dekadenz.it.
Älteste Kleinkunstbühne Südtirols mit ambitioniertem Programm aus Kabarett, Theater und Jazz.

**Kuchlkirchtig:** Kulinarisch-kulturelle Wanderungen in den ersten drei Oktoberwochen.

**Altstadtfest:** In geraden Jahren im Sommer findet das Fest für die Bürger statt; Urlauber sind durchaus gern gesehene Gäste.

**Tourismusverein:** Bahnhofstr. 9, 39042 Brixen, Tel. 04 72 83 64 01, Fax 04 72 83 60 67, www.brixen.info.

**Jugendherberge:** Brunogasse 2, Tel. 04 72 27 99 99, Fax 04

**Der Dom von Brixen**

72 27 99 98, www.brixen.jugendherberge.it, ganzjährig, pro Person ab 20 €.
Die Herberge in Nähe des Domplatzes verfügt über Zimmer mit und ohne eigene Sanitäreinrichtungen.

**Grauer Bär***:** Altenmarktgasse 27, Tel. 04 72 83 64 72, Fax 04 72 83 61 17, www.grauerbaer.tk, Mitte Nov.–Dez. geschl., DZ 96 €.
Nettes Hotel am Rand der Altstadt, mit gemütlicher Gaststube (einheimische Küche) und Garten.

**Elephant****:** Weißlahnstr. 4, Tel. 04 72 83 27 50, Fax 04 72 83 65 79, www.hotelelephant.com, Anfang Jan.–Mitte März und Anfang Nov.–Anfang Dez. geschl., DZ 192 € (140 €).
Seit Elefant Soliman, Hochzeitsgeschenk für Erzherzog Maximilian, 1551 hier unterkam, trägt die noble Herberge mit landadligem Charme diesen Namen; schöner Garten, feine traditionelle Küche (Elephantenplatte!).

**Traubenwirt:** Kleine Lauben 9, Tel. 04 72 83 65 52, www.traubenwirt.it, 10–15 und 17–1 Uhr, So Ruhetag, je 2 Wochen im März und Nov. geschl.
Alteingesessenes Stadtgasthaus, das gekonnt in die anspruchsvolle Gegenwart gebracht wurde; leichte Küche auf regionaler Basis (Hauptgericht ab 12 €).

**Fink:** Kleine Lauben 4, Tel. 04 72 83 48 83, Di (abends) und Mi geschl.
Eine bewährte gastronomische Adresse schon seit über 100 Jahren; Südtiroler Küche (Hauptgerichte ab 15 €); eigene Konditorei.

**Finsterwirt:** Domgasse 3, Tel. 04 72 83 53 43, www.finsterwirt.com, 12–14.15 und 19–21.15 Uhr, So (abends) und Mo sowie Mitte Jan.–Anfang Feb. geschl.
Legendär und gut; regionale Küche (Hauptgericht ab 16 €); für Weinliebhaber empfiehlt sich die Kapitelschenke mit Innenhofgarten (10–23 Uhr).

**Franz:** Adlerbrückengasse, ganzjährig, 9–22 Uhr, So Ruhetag.
Winziges Bistro/Restaurant für den kleinen Hunger zwischendurch, Tageskarte mit Südtiroler Spezialitäten, z. B. Surfleisch mit Kraut 8 €.

**Bahnhof:** Halt aller internationalen EC- und IC-Züge, außerdem Regionalverkehr nach Bozen, Trento, Sterzing, Brenner.
**Busbahnhof:** Am Rand der Altstadt hinter dem Universitätsgebäude. Linienverkehr durch das gesamte Eisacktal und in die angrenzenden Täler; die meisten Busse halten auch am Bahnhof.

### Ziele in der Umgebung

**Kloster Neustift:** Nördlich der Stadt (3,5 km), www.kloster-neustift.it, nur Führungen, Mo–Fr 10, 11, 14, 15 und 16, Mitte Juli–Mitte Sept. zusätzlich um 12 und 13, im Winter nur um 11 und 15 Uhr.
Das 1142 gegründete Kloster war und ist ein Zentrum der Kultur und Kunst. Stiftskirche, Gemäldegalerie und Bibliothek bergen Kunstschätze aus der Frühgotik bis zum Barock. Im Kreuzgang befindet sich das Grab des Dichters und ›Minnesängers‹ Oswald von Wolkenstein. Das Kloster ist auch berühmt für seine exzellenten Weißweine, die hier auch verkostet und gekauft werden können.
**Burg Rodeneck:** Nördlich der Stadt (14 km), nur Führungen, Mitte Mai–Mitte Okt. Di–So 11 und 15 Uhr.
Auf einem Felssporn über der Rienz thront die Burg Rodenegg. Die Wandmalereien mit Motiven der Iwein-Sage sind die frühesten in Europa bekannten Fresken der Romanik.
**Lodenwelt:** In Vintl im Pustertal (16 km), ganzjährig Mo–Sa 9–17.30, im Juli und Aug. bis 18.30 Uhr.
Im Gebäude des einst größten Arbeitgebers des Dorfes Vintl, einer Hosenfabrik, hat die Bozner Kaufmannsfamilie Oberrauch-Zitt ein Loden-Museum mit angeschlossenem Geschäft eingerichtet. Die wichtigsten Stationen der Herstellung des im Alpenraum so beliebten Stoffes werden dargestellt.

## Bruneck/Brunico (J3)

Die ›Hauptstadt‹ des Pustertales, die sich in einem weiten Talbecken ausdehnt, wurde um das Jahr 1250 als stark befestigte Stadt und Burg vom Brixener Bischof gegründet, um ein Gegengewicht zur weltlichen Macht der Tiroler Fürsten im nahen St. Lorenzen zu schaffen. Heute ist Bruneck eine lebendige, weltoffene Kleinstadt mit rund 13 700 Einwohnern. Im Vorort Reischach (3 km, Bus), einem Bergdorf am Fuß des Kronplatzes, dem Hausberg der Stadt, befinden sich die meisten Hotels.

### Sehenswert

**Altstadt:** In einem leichten Bogen zieht sich die Stadtgasse vom Ursulinentor durch den gesamten Altstadtkern zum Ragentor. Gediegene Geschäfte, traditionelle Gasthäuser und quirlige Bars in den prächtigen Bürgerhäusern aus dem späten Mittelalter laden zum Bummeln und Verweilen ein. Die breite, baumbestandene Straße Graben, einst Teil der Stadtbefestigung, ist die Flaniermeile der Stadt.
**Schloss Bruneck:** Mitte Juli–Aug. tgl. 10–18, Anfang–Mitte Sept. tgl. 10–13 und 15–18, Mitte Sept.–Okt. So 15–18 Uhr.
Auf dem Burghügel oberhalb der Altstadt wurde die bis heute vollständig

## Stegener Markt

Bereits auf eine über 1000-jährige Tradition blickt der größte Markt Tirols zurück, auf dem jedes Jahr Ende Oktober über 300 Wanderhändler für drei Tage im Brunecker Ortsteil Stegen ihre Stände aufbauen und alles anbieten, was verkäuflich ist: Lederjacken, Sensen, Kochtöpfe, Waldhonig, Würstl, Köschtn (Maroni, geröstete Kastanien) und Zuckerwatte.

erhaltene Anlage um 1250 als Bischofsburg erbaut.

**Stadtmuseum:** Bruder Willram-Str. 1 (im Hof), www.stadtmuseum-bruneck.it, ganzjährig Di–Fr 15–18, Sa und So 10–12, Juli–Sept. Di–So 10–12 Uhr. Neben moderner Grafik werden Schnitzwerke und Gemälde von Michael Pacher gezeigt, einem der bedeutendsten Künstler der Spätgotik.

**Südtiroler Volkskundemuseum:** Ortsteil Dietenheim (1,5 km), Tel. 04 74 55 20 87, www.provinz.bz.it/volkskundemuseen, April–Okt. Di–Sa 9.30–17.30, So 14–18 Uhr.

Auf dem großen Freigelände des Ansitz Mair am Hof wurden originale Bauernhäuser, Scheunen und Kornkästen wieder aufgebaut. Sie vermitteln das Bild einer bäuerlichen Welt, wie sie vor wenigen Jahrzehnten noch überall in Südtirol anzutreffen war.

### Sport & Freizeit

**Wandern:** Vom Ortsteil Reischach führt eine Umlaufbahn hinauf zum Kronplatz. Brunecks Hausberg ist zwar völlig ›verdrahtet‹ und weist unübersehbare Erosionsschäden durch den Skitourismus auf, doch ist er ein Aussichtsgipfel ersten Ranges mit weitem Blick auf den Alpenhauptkamm im Norden und die Dolomiten im Süden.

**Rad:** Bruneck liegt am rund 150 km langen Radweg durch das Pustertal.

**Radverleih:** Rad Boutique Steger, Ahrntaler Str. 28 (Ortsteil St. Georgen), Tel. 04 74 55 04 42 und im Sommer bei Papin Sport auf dem Bahnhofsgelände, Tel. 04 74 91 34 50, www.rentabike.it.

**Biathlon:** ›Probeschießen‹ auf die 4,5 und 11,5 cm großen Scheiben im Winter jeden Di um 13.30 Uhr im Biathlonstadion des Antholzer Tales (27 km von Bruneck; Tel. 04 74 49 24 46, www.langlauf-antholz.it).

### Einkaufen

**Schondorf:** Stadtgasse 55a. Im Laden große Auswahl an Südtiroler und anderen italienischen Weinen. In der Weinbar (Eingang Hintergasse 29) kann der Abend bei einem Glas bis 1 Uhr ausklingen.

**Horvat:** Stadtgasse 5. Jenseits aller Supermarkt-Kultur werden im Lebensmittelgeschäft u. a. Öl, Obstbrände, Trockenfrüchte und Marmeladen verkauft.

### Ausgehen

**Puka Naka:** Florianigasse 1a, Tel. 04 74 53 05 05, Fr und Sa 21–2 Uhr. Wenn alle braven Bürger schlafen, trifft sich in dieser Musik-Bar Brunecks Jugend.

### Feste & Unterhaltung

**Altstadtfest:** 3-tägiges Fest Ende Juli (zumeist in ungeraden Jahren) mit Musik, kulinarischen Spezialitäten, Wein und Bier.

**Jazz Festival:** Jährlich im Juli (Do–So) in der Altstadt.

**Tourismusverein:** Rathausplatz 7, 39031 Bruneck, Tel. 04

74 55 57 22, Fax 04 74 55 55 44, www.bruneck.com.

**Krone**:** Oberragen 8, Tel. 04 74 41 11 08, Fax 04 74 55 34 25, ganzjährig, DZ 86 € (58 €).
Der Gasthof liegt ruhig in der Oberstadt, die zum Altstadtviertel gehört; mit Restaurant (Hauptgericht 10 €).
**Blitzburg***:** Europastr. 10, Tel. 04 74 55 57 23, Fax 04 74 55 57 52, www.blitzburg.it, ganzjährig, DZ 96 € (80 €).
Der Gasthof der Familie Baumgartner befindet sich zwischen Bahnhof und Altstadt; auch Restaurant mit schattigem Gastgarten, Südtiroler Spezialitäten (Hauptgericht 12 €).
**Schönblick****S:** In Reischach, Tel. 04 74 54 17 77, Fax 04 74 54 17 45, www.schoenblick.it, Mitte Mai–Okt. und Anfang Dez.–Mitte April geöffnet, DZ 200 € (120 €).
Gediegenes Hotel auf dem Aussichtsbalkon der Stadt, mit ›Beauty Farm‹.

**Weißes Lamm:** Stuckstr. 5, Tel. 04 74 41 13 50, zumeist Ende Juni geschl., So Ruhetag.
Traditionsreiches Gasthaus im 1. Stock eines alten Bürgerhauses (Hauptgericht ab 10 €).
**Bernardi:** Stuckstr. 6, Tel. 04 74 41 11 76, fast ganzjährig geöffnet, Mo–Sa 10–24 Uhr.
Gute Weine und kleine Speisen (ab 4,50 €) werden in der Enoteca in einem modernen Ambiente serviert, kleine Terrasse an der Rienz mit Blick auf die Altstadthäuser.

**Bahnhof:** Europastraße (zum Zentrum 20 Min. zu Fuß), Züge nach Bozen, Brixen, Franzensfeste, Toblach, Innichen, Lienz (Osttirol).
**Busbahnhof:** Zwischen Bahnhof und Altstadt; Busse durch das gesamte Pustertal sowie nach Dietenheim, Reischach und ins Gadertal und Tauferer Ahrntal.

## Ziele in der Umgebung

**St. Lorenzen:** Über Jahrhunderte befand sich der eher weltlich geprägte Marktort (3 km), der aus der Römersiedlung *Sebatum* hervorging, im strengen Konkurrenzkampf mit dem benachbarten klerikal eingestellten Bruneck, den St. Lorenzen schlussendlich verlor. Besonders sehenswert sind die stattlichen Bürgerhäuser aus dem 16. und 18. Jh. und die spätgotische ›Traubenmadonna‹ von Michael Pacher in der Pfarrkirche am Hauptplatz.
**Sonnenburg:** Die burgähnliche Anlage (9,5 km) wurde etwa um 1020 als Nonnenkloster gegründet. Nach der Auflösung verfielen die Gebäude zur Ruine. 1975 wurde der ehemalige Wohntrakt in ein sorgsam restauriertes Schlosshotel (www.sonnenburg.com) umgewandelt. Die größte Attraktion ist die Krypta der früheren Stiftskirche mit Freskenresten aus dem 12. Jh. (tgl. 10–18 Uhr).

# Dorf Tirol/Tirolo (E4)

Oberhalb von Meran dehnt sich auf der Hangschulter des Küchelberges der Ort aus, dessen Schloss dem Land Tirol den Namen gab. Ein ›Dorf‹ ist die propere Gemeinde (2350 Einwohner), die zu den drei beliebtesten Ferienzielen in Südtirol zählt, aber schon lange nicht mehr. Fast jedes Haus beherbergt einen Tourismusbetrieb.

## Sehenswert

**Schloss Tirol:** Fußweg von der Ortsmitte (20 Min.), www.schlosstirol.it,

Mitte März–Nov. Di–So 10–17, im Aug. bis 18 Uhr.
Einst Stammsitz der Grafen von Tirol, verfiel die im 12. Jh. erbaute Anlage nach der Verlegung der Residenz nach Innsbruck fast vollständig. Um 1900 wurde das Schloss in romantisierenden Formen wieder aufgebaut. Die eindrucksvollen Portale des Palas und der zweigeschossigen Burgkapelle aus der Erbauungszeit mit dem romanischen Figurenschmuck, der vorchristliches und christliches Gedankengut verbindet, sind einmalig in Südtirol. Die Kapelle ist mit frühgotischen Fresken ausgemalt und wird von einer gewaltigen, überlebensgroßen Kreuzigungsgruppe (um 1300) beherrscht. Das Schloss ist heute Südtiroler Landesmuseum für Kultur- und Landesgeschichte.

**Pflegezentrum für Vogelfauna:** Am Schloss Tirol, www.gufyland.com, April–Nov. Di–So 10.30–17, im Winter nur So 13.30–16.30 Uhr, Flugvorführungen im Sommer 11.15 und 15.15, im Winter 15 Uhr.
Am Burghügel befindet sich die Einrichtung, die sich um verletzte Vögel kümmert, aber auch Flugvorführungen mit Greifvögeln zeigt.

**St. Peter ob Gratsch:** 15 Gehminuten von Schloss Tirol, tgl. 9–18 Uhr.
Die wunderschöne Kirche (Grundmauern aus dem 5. Jh.) mit den romanischen Fresken an der Außenwand und im Inneren zählt zu den ältesten Sakralbauten der Provinz.

**Brunnenburg:** In der Nähe des Schlosswegs, April–Anfang Nov. täglich 10–17 Uhr, Fr und Sa Ruhetag.
Mit dem Ursprungsbau des 13. Jh. hat die Burg nichts mehr gemein. Die Anlage wurde 1904 in Formen der Neogotik umgebaut. Heute sind in der Burg, in der der amerikanische Dichter Ezra Pound ab 1958 seine letzten Lebensjahre verbrachte, ein landwirtschaftliches Museum und eine Gedächtnisstätte für den Dichter untergebracht.

## Sport & Freizeit

**Wandern:** Seilbahn (www.seilbahn-hochmuth.it) vom nördlichen Ortsrand hinauf zum Hochmuter im Naturpark Texelgruppe mit zahlreichen Tourenmöglichkeiten.

## Highlight 2

**Meraner Höhenweg:** Die Bergstation der Seilbahn zum Hochmuter ist bequemer Ausgangspunkt für die 5- bis 6-tägige Umrundung der gesamten Texelgruppe auf dem gut markierten Meraner Höhenweg, der zu den beliebtesten Fernwegen in den Alpen gehört. Der Wanderweg entlang der Sonnenhänge des Vinschgaus, des Schnals- und des Passeier Tales ist relativ einfach zu begehen, nur der Übergang über das Eisjöchl (2908 m) trägt hochalpine Züge.

**Tourismusverein:** 39019 Dorf Tirol, Tel. 04 73 92 33 14, Fax 04 73 92 30 12, www.dorf-tirol.it.

**Villa Maria***:** Tel. 04 73 92 33 06, Fax 04 73 92 35 45, www.villamariatirol.com, Ende März–Anfang Nov. geöffnet, DZ 70 € (62 €). Hübsches Jugendstilhotel mit schöner Aussicht, zentral, doch ruhig.

**Castel*****:** Tel. 04 73 92 36 93, Fax 04 73 92 31 13, www.hotel-castel.com, März–Mitte Nov. geöffnet, HP pro Person 189 € (128 €). Absolutes Top-Hotel mit umfangreichem Sport- und Spa-Angebot; auch hoch dekoriertes Restaurant Trenkerstube, das zu den besten in der Provinz zählt (Gourmet-Menü ab 95 €).

**Bus:** Linienbus nach Meran, lokaler Gästebus (Mitte März–Anfang Nov.), Sessellift Meran–Tiroler Kreuz.

## Eppan/Appiano (F6)

Einen Ort dieses Namens gibt es eigentlich gar nicht. Eppan ist vielmehr die Bezeichnung für die Großgemeinde mit knapp 13 000 Einwohnern im Überetsch, die sich auf der Mittelgebirgsterrasse südlich von Bozen erstreckt. Allerdings setzt sich in der letzten Zeit immer mehr der Name Eppan für St. Michael, den Hauptort der Kommune, durch. Ihren Wohlstand verdankt die Gemeinde dem günstigen Klima und dem fruchtbaren Boden, die das gesamte Gebiet zu einer reichen Kulturlandschaft aus Weinhängen und Obstplantagen werden ließen. Über 20 Burgen und Schlösser sowie rund 50 hochherrschaftliche Ansitze unterstreichen die Bedeutung und den Reichtum. Eppan mit St. Michael und den Weindörfern St. Pauls und Girlan zählt zu den beliebtesten Feriengebieten in Südtirol.

### Sehenswert

**Burg Hocheppan:** Von der Hausgruppe Unterhausen zu Fuß erreichbar (3/4 Std.; Wanderweg Nr. 9); Führungen Mitte März–Anfang Nov. tgl. 10.30–17.30; Burgschenke Ostern–Allerheiligen 10–18 Uhr geöffnet, Mi Ruhetag.

Die mächtige Anlage (Anfang des 12. Jh. erbaut) war einst die Stammburg der Grafen von Eppan, die in harter

**Nur nicht drängeln – Begegnung mit der heimischen Tierwelt**

Konkurrenz mit den Grafen von Tirol um die Vorherrschaft im Land standen und schlussendlich verloren. Nach dem Aussterben des Geschlechts verfiel die Burg, aber auch die Ruinen sind ein beeindruckendes Zeugnis des mittelalterlichen Burgenbaus. In der fast vollständig mit romanischen Fresken geschmückten Burgkappelle besitzt Hocheppan einen Kunstschatz ersten Ranges.

**Burg Boymont:** Von Hocheppan auf Wanderweg Nr. 9a zu Fuß (gut 30 Min.); die Burgruine ist frei zugänglich, Jausenstation Ostern–Herbst, kein Ruhetag.

Von Hocheppan lässt sich leicht die um 1230 erbaute Burganlage erreichen, die im 15. Jh. abbrannte. Da die Burg nicht wieder aufgebaut wurde, blieb in den Ruinen die romanisch-frühgotische Architektur unverfälscht erhalten. Der Abstieg (20 Min.) kann zum Schloss Korb erfolgen (13. Jh.), das heute ein Hotel ist (www.schlosskorb.com).

**Schloss Moos-Schulthaus:** Oberhalb von St. Michael, Führungen Ostern–Anfang Nov. Di–Sa 10, 11, 16 und 17 Uhr.

Im verschachtelten Bau mit seinen schön hergerichteten Räumen und bemerkenswerten Wandmalereien ist das sehenswerte Museum für mittelalterliche Wohnkultur untergebracht.

## Sport & Freizeit

**Wandern:** Burgenwanderung (siehe oben) und Touren am und auf dem Mendelstock.

**Rad:** Durch die Gemeinde verläuft der Überetscher Radweg, der auf der Trasse der früheren, 1971 eingestellten Eisenbahn von Bozen bis nach Kaltern führt.

**Baden:** Südöstlich von St. Michael liegen in einem Wald die beiden Montiggler Seen, beliebte und stark besuchte Badeseen.

## Ausgehen

**Baila:** Bozner Str. 10, www.discopub-baila.it, ganzjährig 21–3 Uhr (Mo Ruhetag).

Die Musik-Bar ist Treffpunkt der Eppaner Jugend und jung gebliebener Urlauber.

## Feste & Unterhaltung

**Eppaner Burgenritt:** Vor der prächtigen Kulisse der Eppaner Burgen, Schlösser und Ansitze sowie an den Montiggler Seen kämpfen Mitte Mai kostümierte Reiter in verschiedenen Turnierspielen um den Sieg. Die Zuschauer können per Shuttle-Bus oder zu Fuß zu den Wettkampfstätten gelangen, wo sie auch kulinarisch gut versorgt werden (www.burgenritt.com).

**Paulser Dorffest:** Mit Ständen, Musik und Tanz feiert das Weindorf in allen geraden Jahre Anfang Sept. sein traditionelles Straßenfest.

**Wein-Kultur-Wochen:** Auf dem Programm stehen Ende Juli–Anfang Aug. in St. Pauls Weinverkostungen, Fachvorträge, Konzerte und Ausstellungen; Höhepunkt ist die 100 m lange ›Gastliche Tafel‹ in den Gassen des Dorfes, an der kulinarische Köstlichkeiten serviert werden.

**Martinimarkt:** An über 160 Marktständen werden jedes Jahr am 11. Nov., dem Namenstag des Kirchenpatrons, in Girlan Waren aller Art angeboten und verkauft. Wie es sich für ein Weindorf gehört, kommt auch der Wein nicht zu kurz. Exakt zum Markttag wird der Martiniwein, ein fruchtiger Weißburgunder, abgefüllt und ausgeschenkt.

**Tourismusverein:** 39057 Eppan (in St. Michael), Tel. 04 71

66 22 06, Fax 04 71 66 35 46, www.eppan.net.

**Sternegg**:** Tel. 04 71 66 21 66, Fax 04 71 66 25 25, Mitte Dez.–Anfang März geschl.
Freundlicher Gasthof im Zentrum von St. Michael, DZ 62 €.
**Stroblhof****:** Tel. 04 71 66 22 50, Fax 04 71 66 36 44, www.strobhof.it, Ende März–Anfang Nov. geöffnet.
Das stilvoll restaurierte Hotel liegt oberhalb von St. Michael auf einem Weinhof aus dem 16. Jh. Mit Wellness-Abteilung, Bio-Badeteich und Vinothek, DZ 146 €.

**Zur Rose:** Tel. 04 71 66 22 49, Juli geschl., So und Mo (mittags) geschl.
Mehrfach ausgezeichneter, 500 Jahre alter Gasthof im Zentrum von St. Michael mit exquisiter Speisekarte (Hauptgericht: 19 €).
**Marklhof:** Tel. 04 71 66 24 07, Mitte Juni–Mitte Juli und Jan. geschl., So (abends) und Mo geschl.
Das Restaurant in den Girlaner Weinbergen bietet eine vorzügliche lokale und italienische Küche (Hauptgericht: ab 15 €).

**Bus:** Nach Bozen, Kaltern, Tramin, Kurtatsch; Salurn; Mitte Juni–Anfang Sept. kostenloser Busdienst von Frangart, Girlan, St. Pauls und St. Michael zum Großen Montiggler See.

## Gadertal/Val Badia (J3–5)

Von St. Lorenzen im Pustertal zieht sich das Gadertal (Extra-Tour 3: S. 112) tief in die Felsen eingeschnitten nach Süden. Beim Gasthof Palfrad wird die unsichtbare Grenze nach Ladinien überschritten. Kurz danach öffnet sich das Tal, das auf Ladinisch Badia heißt, und teilt sich in mehrere Äste. Im südöstlichen Enneberger Seitental liegt das einst kleine Bergdorf St. Vigil (1350 Einwohner), seit über 100 Jahren ein wichtiges Tourismuszentrum. Das Seitental von Campill führt hinauf nach St. Martin in Thurn. Im hintersten Teil des Haupttales, das Abteital bzw. auf Ladinisch Alta Badia genannt wird, duckt sich Corvara (1300 Einwohner) in einer weiten Talmulde vor der Felsenburg der Sella. Mit knapp 500 Urlauberübernachtungen pro Einwohner liegt der Ferienort unangefochten an der Spitze aller Südtiroler Gemeinden.

### Die Viles, die ladinischen Weiler

Im Gadertal hat sich in einigen Bergdörfern die alte rätoromanische Siedlungsform, die Viles, gut erhalten. Die pilzförmigen Häuser drängen sich wie kleine Festungen um einen winzigen Dorfplatz mit Brunnen und Backofen. Über das aus Stein gemauerte Untergeschoss erhebt sich ein hölzerner Aufbau, der weit vorsteht und von einem offenen Dachumgang umgeben ist. Besonders schöne Viles sind im Tal von Wengen und in Enneberg zu finden.

### Sehenswert

**Ladinisches Landesmuseum:** In St. Martin in Thurn, www.museumladin.it, Palmsonntag–Okt. Di–Sa 10–18, So 14–18, im Aug. auch Mo, Weihnachten–Anfang Jan. tgl. 14–18, Mitte Jan.–Mitte März Mi–Fr 14–18 Uhr.

Oberhalb des Dorfes an der Straße zum Würzjoch steht das Schloss Thurn (12. Jh.), im Mittelalter Gerichtssitz für das mittlere Gadertal. Das Museum präsentiert mit Videofilmen, Objekten, Texten und Fotos die ladinische Kultur und Sprache.

**Pic Museo Ladin:** In St. Kassian am Dorfplatz, Juli–Sept. sowie Mitte Dez.–Ostern Di–So 16–19 Uhr.
Das zweite ladinische Museum des Tales zeigt eine Fossiliensammlung und eine Nachbildung des Eiszeitbären, der in der Fanes-Gruppe gefunden wurde.

**St. Vigil:** Die bemerkenswerte Pfarrkirche des dörflich-gediegenen Ortes wurde 1782 von Künstlern aus drei verschiedenen Alpenregionen im einheitlichen Rokokostil gestaltet.

**St. Leonhard:** Das Dorf liegt eine Höhenstufe über dem Gadertaler Haupttal. Die Kirche (16. Jh.) zählt zu den schönsten Rokokobauten in Südtirol. Von Pedratsches unten im Tal schaukelt ein Sessellift hoch zur Wallfahrtskirche Heiligkreuz (von der Bergstation 30 Min. zu Fuß), wo sich auf den Bänken vor dem Pilgerhospiz das Panorama mit Marmolada, Puez- und Sella-Gruppe bewundern lässt.

**Wengen:** Hoch über dem Talboden erstreckt sich das beschauliche Dorf, das ein guter Ausgangspunkt für den Besuch der ›Viles‹ (s. S. 53) ist.

## Sport &Freizeit

**Wandern:** Vielfältige Tourenmöglichkeiten im Naturpark Fanes-Sennes-Prags, in der Kreuzkofel-Gruppe, am Peitlerkofel und in der Sella-Gruppe. Geführte naturkundliche Wanderungen im Naturpark Ende Mai–Mitte Okt. (Anmeldung bei den Tourismusvereinen St. Vigil, Stern und Wengen). Ein besonderes Highlight ist die ›Sella ronda‹, die 5- bis 8-stündige Umrundung des Gebirgsstocks zu Fuß (Teilstrecken per Seilbahn und Bus mit der ›Sella Ronda Card‹, die für 16 € bei allen Tourismusvereinen des oberen Gadertales (Alta Badia) erhältlich ist), die individuell oder geführt (Juli–Anfang Sept. jeden Di, Anmeldung beim Tourismusverband Alta Badia) unternommen werden kann.

**Rad:** Der anspruchsvolle Maratona dles Dolomites (Anfang Juli) für Radsportler und Hobbyfahrer ist mit über 8000 Teilnehmern eines der größten Rad-Events in den Alpen (www.maratona.it).

**Golf:** 9-Loch-Anlage 3 km oberhalb von Corvara (www.golfaltabadia.it).

## Einkaufen

**Metzgerei Call:** In St. Vigil.
Neben anderen guten Fleisch- und Wurstprodukten werden auch Gamswürste als Spezialität angeboten.

**Bauernmarkt:** Jeden Fr bieten die Bauern der Umgebung am Pavillon in St. Vigil ihre Produkte an (Ende Juli–Anfang Sept. 16–19 Uhr).

## Feste & Unterhaltung

**Val Badia Jazz:** Zahlreiche Konzerte im Aug. in allen Dörfern des oberen Gadertales.

**Leonardo-Ritt:** Anfang Nov. ziehen zu Ehren des Schutzpatrons der Pferde nach der Messe in der Pfarrkirche rund 90 Noriker- und Haflingerpferde mit ihren Reitern durch St. Leonhard.

**Tourismusverein St. Vigil:** C.-Lanz-Str. 14, 39030 St. Vigil, Tel. 04 74 50 10 37, Fax 04 74 50 15 66, www.sanvigilio.com.

**Tourismusverein St. Martin:** 39030 St. Martin in Thurn, Tel. 04 74 52 31 75, Fax 04 74 52 34 74, www.sanmartin.it.

**Tourismusverband Alta Badia:** 39033 Corvara, Col Alt Str. 36, Tel. 04

71 83 61 76, Fax 04 71 83 65 40, www.altabadia.org.
Info-Büros in allen Dörfern des oberen Gadertales.

**Saalerwirt***:** In Maria Saalen, Tel. 04 74 40 31 47, Fax 04 74 40 33 02, www.hotel-saalerwirt.net, DZ 84 € (56 €).
Gemütlicher Gasthof im Wallfahrtsort hoch über dem Eingang des Gadertales (7 km von Bruneck).
**Pider***:** In Wengen/La Valle, Tel. 04 71 84 31 29, Fax 04 71 84 32 81, www.pider.info, ganzjährig, HP pro Person 50 € (37 €).
Wer keinen Trubel mag, weicht in den Gasthof im ruhigen Dorf aus.
**Posta****:** In St. Vigil/San Vigilio, Tel. 04 74 50 10 10, Fax 04 74 50 16 40, www.parchotel-posta.com, Mitte Juni–Sept. und Anfang Dez.–Mitte April geöffnet, HP pro Person 95 € (48 €).
Qualitätsvolles Hotel mit langer Tradition, direkt am Dorfplatz.
**La Majun****:** In Stern/La Villa, Tel. 04 71 84 70 30, Fax 04 71 84 70 74, www.lamajun.it, Mitte April–Ende Mai und Nov. geschl., DZ 188 € (128 €).
Geschmackvoll gestaltetes Hotel der herzlichen Familie Renna-Mellauner.
**La Perla****:** In Corvara, Tel. 04 71 83 10 00, Fax 04 71 83 65 68, www.romantiklaperla.it, Ende Juni–Sept. und Dez.–Anfang April geöffnet, HP pro Person 182 € (119 €).
Die Familie Costa führt das Hotel etwas oberhalb des Ortszentrums seit 1956. Einen sehr guten Ruf in Feinschmeckerkreisen hat das zum Haus gehörende Restaurant **Stüa de Michil.** Der Seniorchef besitzt eine umfangreiche Motorradsammlung, die Gäste sich anschauen können.

**Ostaria da Plazores:** Etwas oberhalb des Dorfzentrums von St. Vigil, Plazoresstr. 14, Tel. 04 74 50 61 68, einige Wochen im Frühling und Herbst geschl., Mo Ruhetag.
Im alten gotischen Bauernhaus (13. Jh.) wird täglich ein Menü serviert, das auf den ladinischen Bauernkalender abgestimmt ist (ab 20 €).
**Ritterkeller:** Oberhalb von St. Vigil an der Straße zum Furkelpass, Tel. 04 74 50 14 18, Mitte Juli–Mitte Sept. und Anfang Dez.–Ostern geöffnet, in der Nebensaison Do Ruhetag.
Preiswerte Pizzen (ab 4,50 €), serviert in einem alten Ansitz.
**Oies:** Im Weiler Oies (schmale Straße von St. Leonhard), Tel. 04 71 83 96 71, Mai und Nov. geschl., in der Nebensaison Mo Ruhetag.
Im Heimatort des Missionars Josef Freinademetz, dessen Geburtshaus besichtigt werden kann, serviert Familie Pedratscher in der Stube und auf der Terrasse mit schönem Blick über das Tal gute einfache Gerichte (Hauptgericht ab 10 €).

## Highlight 3

Nirgendwo sonst in Südtirol gibt es so viele in zahlreichen Gourmet-Führern ausgezeichnete Restaurants wie im oberen Gadertal, z. B.:
**Ciastel Colz:** Oberhalb von Stern, Tel. 04 71 84 75 11, www.colz.siriolagroup.it, Mai und Nov. geschl., Di Ruhetag.
Mit dem stilvollen Restaurant im Schloss (16. Jh.) hat sich Stefan Wieser, der auch das Gourmetrestaurant **La Siriola** in Armentarola führt, seinen Jugendtraum verwirklicht; ausgewählte ladinische Küche (Hauptgericht ab 19 €); auch vier stilvolle Hotelzimmer.

**Rosa Alpina:** In St. Kassian, Tel. 04 71 84 95 00, www.rosaalpina.it, Ende Juni–Ende Sept. und Anfang Dez.–Anfang April geöffnet, Di Ruhetag.
Im kleinen, exklusiven Restaurant ›St. Hubertus‹ werden leichte, traditionelle Speisen auf höchstem Niveau serviert (5-Gänge Degustationsmenü 79 €); auch Hotel.
**Stria:** In Kollfuschg, Tel. 04 71 83 66 20, Nov. geschl., in der Nebensaison So (abends) und Mo Ruhetag.
Koch und Wirt Erich Costa pflegt im Restaurant neben der Kirche eine feine internationale Küche mit ladinischen Wurzeln (Hauptgericht 17,50 €).
**Stüa de Michil:** Siehe Hotel La Perla.

**Bus:** Buslinie durch das ganze Gadertal nach Bruneck sowie ins Grödner- und Fassatal, zum Pordoi- und Würzjoch und zum Passo di Falzarego.

## Ziele in der Umgebung

**Museo della Grande Guerra sul Piccolo Lagazuoi:** Passo di Falzarego (16 km von Stern/La Villa), Auffahrt mit der Seilbahn (Anfang Mai–Okt. tgl. 9–17 Uhr).
Das Freilichtmuseum in der Nachbarprovinz Belluno befindet sich an einem der im Ersten Weltkrieg am stärksten umkämpften Gipfel der Dolomiten. Die alten rekonstruierten Stollen und Steige sind teilweise mühsam zu begehen und erfordern Bergerfahrung. Der Museumskomplex wird im Rahmen eines EU-Projekts weiter ausgebaut.
**Burg Andraz:** 5 km nach dem Passo di Falzarego führt eine kleine Teer-/Schotterstraße direkt zur früheren Burg aus dem 12. Jh. (als Castello ausgeschildert), die in strategisch wichtiger Lage auf einem Felssporn thront. Die imposante Ruine wurde kunstvoll mit Stahl-/Glaselementen restauriert.

# Gröden/Val Gardena/ Gherdëina (GH5)

Das Grödner Tal, eines der beiden ladinischsprachigen Täler in Südtirol, ist Inbegriff für die landschaftliche Schönheit der Dolomiten, aber auch für die Übererschließung durch den Wintertourismus, der aus einst weltabgeschiedenen Dörfern moderne Ferienzentren gemacht hat. Die umliegenden Berge – ob Raschötz, Geisler, Langkofel oder Puez – sind im Sommer auch ein Paradies für Wanderer und Bergsteiger. Hauptort des Tales ist St. Ulrich/Ortisei/Urtijëi (5500 Einwohner), auf dessen Friedhof auch Grödens berühmt-umstrittener Sohn, der Architekt, Regisseur, Schauspieler und Erzähler Luis Trenker bestattet ist. Höher im Tal liegen die beiden anderen Orte St. Christina und Wolkenstein.

## Sehenswert

**Museum de Gherdëina:** In St. Ulrich, in der Cësa di Ladins, Reziastr. 82, Juli und Aug. Di–So 10–12 und 14–18 (So nur nachmittags), Juni sowie Sept.–Mitte Okt. Di–Fr 14–18, Do zusätzlich 10–12, Feb.–Mitte März Di–Fr 14.30–17.30 Uhr.
Das sehenswerte Grödner Heimatmuseum zeigt archäologische und naturkundliche Sammlungen, Werke einheimischer Künstler, Grödner Holzspielzeug sowie Holzschnitzkunst und Erinnerungsstücke an Luis Trenker.
**Kirche St. Jakob:** Mitte Juli–Mitte Sept. Mi 10.30–12 und 15.30–17 Uhr, Di und Do nur vormittags, Fr nur nachmittags.
Von St. Ulrich führt eine kleine Straße hinauf zum stillen Bergdorf St. Jakob (2 km). Die gotischen Wandmalereien an der Außenwand und im Presbyterium des gleichnamigen Kirchleins (15

**Ski fahren mit Ausblick – Sella Ronda im Grödner Tal**

Min. zu Fuß) sind einmalig im gesamten Tal.

**Fischburg:** Die Renaissanceanlage am südöstlichen Ortsrand von St. Christina, einst Besitz der Grafen von Wolkenstein, verdankt ihren deutschen Namen der Fischzucht, die in Schlossnähe betrieben wurde (keine Innenbesichtigung).

**Burg Wolkenstein:** Wie ein Adlerhorst kleben die frei zugänglichen Ruinen der Burg, der frühere Stammsitz der Familie des berühmten Barden Oswald von Wolkenstein, an der Felswand der Steviola am Beginn des Langentales (1,5 km nördlich des Ortes Wolkenstein). Hinauf führt nur ein schmaler Pfad. Viel einfacher ist der Spaziergang zur nahen Kapelle St. Silvester. Die kunstvollen, über 300 Jahre alten Fresken wurden wahrscheinlich von den Wolkensteinern gestiftet.

## Sport & Freizeit

**Wandern:** Auf den Höhen beiderseits des Tales gibt es unzählige Möglichkeiten von der leichten Almwanderung bis zur anspruchsvollen Hochtour. Einfach, aber lohnend ist der fast ebene Raschötzer Höhenweg (von St. Ulrich Sessellift) mit Blick auf die Geisler-Gruppe zur Brogleshütte (1,5 Std.).

**Gleitschirm:** Tandem-Flüge des Vereins ›Fly 2‹ an der Seceda und auf der Seiser Alm, Infos unter Tel. 033 55 71 65 00, www.fly2.info.

**Holzschnitzen:** Die Kunstschule St. Ulrich veranstaltet im Sommer Wochenkurse (9 Std.) unter professioneller Anleitung, Infos und Anmeldung beim Verkehrsverein.

## Einkaufen

**Holzschnitzerei:** Gröden ist berühmt für seine Holzschnitzkunst, aber es wird viel Kitsch angeboten. Qualitativ hochwertige Arbeiten findet man in St. Ulrich z. B. bei Herbert und Rudi Prinoth (Reziastr. 255), die sich gern im Laden und in der Werkstatt besuchen lassen, sowie bei Otto Kostner (Cucastr. 65, Tel. 04 71 79 71 53), den man vorher anrufen sollte. Eine Musterschau des Grödner Kunsthandwerks wird im Kongresszentrum von St. Ulrich gezeigt (Juni–Okt. und Weihnachten–Ostern Mo–Sa 10–12 und 15–19 Uhr).

## Ausgehen

**Corso:** In St. Ulrich, Reziastr. 74, Tel. 04 71 79 62 69, ganzjährig geöffnet.
Gepflegter Treffpunkt im Ortszentrum, wo es das gute Glas Wein und eine große Auswahl an Grappe gibt.

## Feste & Unterhaltung

**Musik FestiVal Gardena:** In allen drei Grödner Orten finden jedes Jahr Mitte Juli–Aug. Konzerte klassischer Musik auf hohem Niveau mit Orchestern aus ganz Europa statt (www.valgardenamusika.com).

**Trachtenumzug:** Quasi ganz Gröden ist in Tracht, wenn Anfang August abwechselnd in einem der drei Dörfer der große Festzug durch die Straßen zieht.

**Tourismusverband Gröden:** Dursanstr. 78, 39047 St. Christina, Tel. 04 71 79 22 77, Fax 04 71 79 22 35, www.valgardena.it; Info-Büros in allen Grödner Orten.

**Panider Sattel***:** 4 km westlich von St. Ulrich, Tel. 04 71 70 00 09, Fax 04 71 70 00 39, www.panidersattel.com, Nov. geschl., DZ ab 100 € (64 €).
Abseits des Trubels am Übergang vom Grödner Tal nach Kastelruth und Seis; besonders schön sind die ›Panoramazimmer‹ mit ihrem weiten Blick über das Tal.

**Posta***:** In St. Christina, Tel. 04 71 79 20 78, Fax 04 71 79 36 07, www.familyhotelposta.com, Mitte Mai–Mitte Okt. und Mitte Dez.–Ostern geöffnet, HP pro Person 100 € (52 €).
Einer der ältesten Gasthöfe im Ort; familien- und kinderfreundlich; schöne, ruhige Zimmer zum Garten mit Langkofelblick.

**Adler****S:** In St. Ulrich, Tel. 04 71 77 50 00, Fax 04 71 77 55 55, www.hotel-adler.com, Mitte Mai–Anfang Okt. und Anfang Dez.–Ostern geöffnet, Standard-DZ 336 € (166 €).
Das Hotel im Zentrum ist die traditionsreiche Top-Adresse im Tal; luxuriöser Wellness-Bereich; das Restaurant ›Adler-Stuben‹ ist abends den Hausgästen vorbehalten.

**Erica:** In St. Ulrich, Purgerstr. 5, Tel. 04 71 79 63 48, Pfingsten–Okt. und Ende Nov.–Ostern geöffnet, Mo Ruhetag.
Das freundliche Restaurant liegt etwas versteckt schräg gegenüber vom Kongresszentrum; regionale Speisen (Hauptgericht 13 €) und Pizzen (ab 4,40 €).

**Cucina Veneta:** In St. Ulrich, Reziastr. 162 (1. Stock), Tel. 04 71 79 71 57, Jan. und Feb. geschl., Sa und So Ruhetag.
Schräg gegenüber der zentralen Bushaltestelle befindet sich das angenehm solide Restaurant, das sich auf die Küche des Veneto spezialisiert hat (Hauptgericht ab 10 €).

**Bus:** Durch das gesamte Tal verkehrt eine Buslinie und verbindet alle Orte; außerdem Busse nach Bozen, Seis, Brixen, Corvara, Sella- und Pordoijoch.

# Innichen/San Candido (L4)

Bereits in vorgeschichtlicher und römischer Zeit war der Platz, an dem sich heute der lebendige und geschäftige Mittelpunkt des Hochpustertals (3100 Einwohner) erstreckt, besiedelt. Das im Jahr 783 gegründete Kloster Innichen spielte eine wichtige Rolle bei der Germanisierung und Christianisierung des Tales, in dem einst Rätoromanen lebten und in das von Osten slawische Völker vordrangen. Anders als die übrigen Südtiroler Täler gehörten Innichen und das Pustertal lange Zeit nicht zur Grafschaft Tirol, sondern zur Grafschaft Görz, die ihr politisches Zentrum im Friaul und in Istrien hatte.

## Sehenswert

**Stiftskirche:** Am zentralen Pflegplatz erhebt sich der ›Pustertaler Dom‹, wie die Stiftskirche auch genannt wird. Die dreischiffige Basilika gehört zu den bedeutendsten romanischen Sakralbauten im gesamten Alpenraum. In ihrer Größe und Klarheit wirkt die Kirche zugleich erhaben und bescheiden. Das Innere weist eine mächtige Kreuzigungsgruppe, prachtvolle spätromanische Kuppelfresken und eine dunklen Krypta auf (tgl. 8–18 Uhr). Die Pfarrkirche in unmittelbarer Nachbarschaft besitzt einen romanischen Rundturm und ein reich ausgestattetes barockes Langhaus.

**Stiftsmuseum:** Attostr., neben der Stiftskirche, Juni–Mitte Okt. Do–Sa 17–19, So 10–11, Mitte Juli–Ende Aug. zusätzlich Di–Sa 10–11 und Di 20–22 Uhr.

Die sehenswerte Ausstellung mit Handschriften, Bildern und Skulpturen befindet sich in einem der ältesten Gebäude Innichens (in Teilen aus dem 10. Jh.).

## Sport & Freizeit

**Acquafun:** M.-H.-Huber-Str. (Zentrumsrand), www.acquafun.com, April–Juni und Sept.–Dez. Mo, Mi, Do, Fr 14–21.30, Sa 13–20.30, So 10.30–20.30, Juli und Aug. Mo–Fr 10.30–21.30, Sa und So 10.30–20.30, Weihnachten bis März Mo–Fr 13–21.30 Uhr.

Großzügiges Hallen-Spaßbad mit Wasserrutschen, Sauna- und Wellnessbereich.

**Rad:** Innichen liegt am Pustertaler Radweg, der von Vintl bis ins österreichische Lienz führt. Radverleih: Papin Sport, Freisinger Str. 9, Tel. 04 74 91 34 50, www.rentabike.it.

**Sommerrodelbahn:** Bergstation des Haunold-Sessellifts, www.funbob.info, Ende Mai–Anfang Juli und 2. Sept.-Hälfte tgl. 9–12.30 und 13.30–17.15, Anfang Juli–Mitte Sept. sowie an Wochenenden durchgehend.

Die Rodelbahn ist fast 2 km lang und überwindet gut 300 Höhenmeter bergab.

## Einkaufen

**Kugler:** Herzog-Tassilo-Str. 5, Tel. 04 74 91 41 69, ganzjährig tgl. 8–13 und 15–22 Uhr.

Bereits der Großvater verkaufte Wein im Haus, in dem die Bauern einst den Zehnten dem Stift abliefern mussten. Enkel Heinz Krautgasser berät kompetent im Laden über die Weinauswahl von 3000 Etiketten, schenkt in der Weinstube je 10 Weiß- und Rotweine glasweise aus und serviert Speck und Käse. Auch preiswerte Zwei-Sterne-Pension, DZ 80 € (40 €).

## Feste & Unterhaltung

**Schneeskulpturen-Festival:** Jedes Jahr im Januar werden in einem internationalen Wettbewerb aus riesigen

**Bei der Apfelernte**

Schneewürfeln Eisplastiken geschaffen und prämiert.

**Marktlfest:** In ungeraden Jahren Mitte Juli im Ortszentrum mit Musik, Tanz und Ständen.

**Tourismusverein:** Pflegplatz 1, 39038 Innichen, Tel. 04 74 91 31 49, Fax 04 74 91 36 77, www.innichen.it.

**Grauer Bär****:** P.-P.-Rainer-Str. 2, Tel. 04 74 91 31 15, Fax 04 74 91 41 82, www.orsohotel.it, Mitte Juni–Sept. und Dez.–Ostern geöffnet, HP pro Person ab 106 € (50 €).
Das schöne Altstadt-Hotel war einst der erste Gasthof in Innichen (14. Jh.). Bereits seit über 250 Jahren betreibt die Familie Ladinser das Haus, in dem Historie und neuzeitlicher Komfort eine gelungene Verbindung eingehen.

**Sole Paradiso****:** Sextner Str. 13, Tel. 04 74 91 31 20, Fax 04 74 91 31 93, www.sole-paradiso.com, Ende Mai–Mitte Okt. und Mitte Dez.–Anfang April geöffnet, DZ 200 € (138 €).
Das traditionsreiche Hotel liegt etwas außerhalb in einem schönen Gartengelände und besticht durch einen angenehmen Stilmix vom Jugendstil bis zur Gegenwart.

**Da Claudia:** Bahnhofstr. 7, Tel. 04 74 91 33 24, ganzjährig geöffnet.
Sehr authentisch italienisch wird im Restaurant des Dopolavoro, des Freizeitvereins der Eisenbahner, gespeist (Tagesmenü 11 €). Gäste sind in der Regel willkommen.

**Uhrmacher's:** Färberstr. 1, Tel. 04 74 91 31 58, ganzjährig Mo–Sa 10–24, So 9–24 Uhr, Mi Ruhetag.
Gute Weine, diverse Grappe und kalte Platten werden in der rustikalen Wein-

stube angeboten und im daneben liegenden Laden verkauft.

**Zug:** Nach Toblach, Bruneck, Franzensfeste, Brixen, Lienz.
**Bus:** Durch das gesamte Pustertal, ins Sextener Tal bis zum Kreuzbergpass sowie über Toblach zum Rifugio Auronzo/Drei Zinnen und nach Cortina.

### Ziele in der Umgebung

**Drei Zinnen:** Siehe Extra Tour 1, S. 108.
**Lienz:** Die Bezirkshauptstadt des österreichischen Osttirol (43 km, Zug) im weiten Talbecken der Drau vermittelt mit den Ausgrabungen des römischen Aguntum und dem Schloss Bruck der Görzer Grafen ein eindrucksvolles Bild von 2000 Jahren Geschichte.

## Kaltern/Caldaro (E6)

Der Name der Marktgemeinde (6700 Einwohner) und der Kalterer See stehen für den Südtiroler Weinanbau. Durch eine verfehlte Anbaupolitik vor einigen Jahrzehnten, die viel zu stark auf Billigwein setzte, war die örtliche Weinkultur in Verruf geraten. Heute werden in der Region aber wieder hochwertige Weine, hauptsächlich aus der Vernatsch-Traube, produziert, die den Vergleich mit anderen Lagen nicht scheuen müssen. Der zweite wichtige Wirtschaftsfaktor ist der Tourismus. Während des Sommers, der hier früh beginnt und spät endet, schieben sich wahre Urlauberströme durch die engen Gassen des Hauptortes Kaltern, der kurz und bündig ›Dorf‹ genannt wird und der durch zahlreiche Häuser im venezianisch geprägten ›Überetscher Stil‹ mit Doppelbogenfenstern, Erkern, Türmchen und Loggien besticht.

### Sehenswert

**Südtiroler Weinmuseum:** In Kaltern-Dorf in der Nähe des Marktplatzes, www.provinz.bz.it/volkskunde museen, April–Mitte Nov. Di–Sa 9.30–12 und 14–18, So 10–12 Uhr. Im früheren landesfürstlichen Pfleghaus werden unzählige alte Utensilien zum Weinbau wie Arbeitsgeräte, Fässer, Urkunden und Gemälde gezeigt; im Garten ein kleiner Weinlehrpfad mit verschiedenen Rebsorten und Pergelformen.

### Sport & Freizeit

**Wandern:** Ein Weinwanderweg führt in einer großen Schleife durch die Kalterer Weinberge (Übersichtskarte beim Tourismusverein); Bergtouren am und auf dem Mendelstock zu den Aussichtsgipfeln Penegal, Gantkofel und Monte Roen; Frühling bis Herbst Di (im Okt. Do) geführte Wanderungen vom Tourismusverein.
**Rad:** Kaltern ist Ausgangspunkt des Radweges nach Bozen auf der Trasse der früheren Überetscher Bahn; Frühling–Herbst Mo und Fr geführte Touren vom Tourismusverein (Voranmeldung nötig).
**Motorroller:** Verleih der flinken Flitzer bei Sarner Bike, Goldgasse 12c in Kaltern-Dorf, www.sarnerbike.it.
**Baden:** Der Kalterer See (5 km) ist das größte natürliche Gewässer in Südtirol und gilt als der wärmste Badesee der Alpen. Zugänglich ist er nahezu ausschließlich über die drei Badebetriebe Lido, Seegarten und Gretl am See. Die schöne Auenlandschaft im Süden des Sees steht unter Schutz und darf nur auf den Wanderwegen betreten werden.
**Weinritt:** Zwar nicht hoch zu Ross, aber auf den Spuren der früheren Weinhändler werden von April–Okt. 1- bis 2-

mal im Monat auf ganztägiger Exkursion im Kleinbus Weinhöfe und Kellereien besucht (80 € mit Degustationsmenü und Weinverkostungen, Anmeldung und Info über die Tourismusvereine Kaltern, Eppan, Tramin).

## Einkaufen

In einem Weindorf stehen natürlich die Weine ganz oben auf der Einkaufsliste. Alle ansässigen Kellereien bieten Besichtigungen, Verkostungen und Direktverkauf an. Wer zuvor mehr vom Wein erfahren will, nimmt an der Fachweinprobe (Mi 16.30 Uhr) oder am Ausflug durch die Kalterer Weinberge mit Kellerführung und Weinprobe (Do) teil, die vom Tourismusverein organisiert werden.

## Ausgehen

**Noah Pub:** In Kaltern-Dorf, Bahnhofstr. 10 (gegenüber der Ersten& Neuen-Kellerei), www.noahpub.it, ganzjährig 18–1 Uhr (Mo Ruhetag). Chefin Maria führt das Musik-Lokal, in dem sich die Kalterer Jugend trifft, jenseits jeglicher Südtirol-Folklore.

## Feste & Unterhaltung

**Dorffest:** Rings um den Marktplatz finden das Marktfest (Ende Juli/Anfang Aug.), das Weinfest (Mitte Aug.) und die Kalterer Weintage (Anfang Sept.) statt.

**Tourismusverein:** 39052 Kaltern-Dorf, Tel. 04 71 96 31 69, Fax 04 71 96 34 69, www.kaltern.com.

**Aehrental****:** Goldgasse 19, Tel. 04 71 96 22 22, Fax 04 71 96 59 41, www.schlosshotel.it, Mitte März–Mitte Nov. geöffnet, DZ 150 € (130 €).

Das geschmackvoll renovierte und restaurierte Schlosshotel der Familie Morandell in einem Herrenhaus aus dem 17. Jh. steht am Rande der Altstadt von Kaltern-Dorf.

**Kalterer Hof:** Goldgasse 23, im Zentrum von Kaltern-Dorf, Tel. 04 71 96 43 43, Di Ruhetag. Traditionelle Südtiroler und italienischer Küche (Hauptgericht: 11 €).

**Castel Ringberg:** In St. Josef am See, Tel. 04 71 96 00 10, Di Ruhetag. Schönes Restaurant in einem ehemaligen Jagdschloss des Grafen von Tirol, mediterrane Küche mit asiatischer Note (Hauptgericht: 18,50 €).

**Bus:** Nach Bozen, St. Anton, Eppan, Tramin, Kurtatsch, Salurn; Mitte Juni–Mitte Sept. ›Seebus‹ von den Kalterer Dörfern zum Kalterer See.

## Ziele in der Umgebung

**Altenburg:** Von der Dorfkirche im Weiler Altenburg (5 km von Kaltern-Dorf) führt ein ausgeschilderter Weg zu den Ruinen von St. Peter. Die einst dreischiffige Basilika ist eine der ältesten Kirchen in Südtirol (wahrscheinlich im 4. oder 6. Jh. erbaut). Die Spekulationen über die Bedeutung der fast menschengroßen Steinwanne neben der Ruine reichen von einer Stätte für Menschenopfer über ein Grab bis zu einem frühchristlichen Taufbecken.

**Mendelpass:** Vom Dorf St. Anton verläuft die atemberaubende Trasse der vor über 100 Jahren erbauten Standseilbahn mit einer maximalen Steigung von 64 % hinauf zum Mendelpass/Passo di Mendola auf 1363 m Höhe, zu dem sich auch in vielen Kehren die Mendelpassstraße hinaufwindet (14 km von Kaltern-Dorf). Der flache Sattel an der Provinzgrenze zwischen Südtirol und dem Trentino war um 1900 ein Zentrum des ›Belle-Époque‹-Tourismus mit Nobelhotels in den eleganten Formen des Jugendstils.

## Kastelruth/Castelrotto (G5)

Schöner kann die Lage kaum sein. Vor der grandiosen Kulisse des Schlern und der Seiser Alm erstrecken sich Kastelruth (1900 Einwohner) und Seis (1700 Einwohner) auf einer sanft gewellten Mittelgebirgsterrasse. Die beiden benachbarten Dörfer sind – nicht ganz freiwillig – zu einer Gemeinde zusammengeschlossen. Sitz der Kommune ist Kastelruth mit seinem quirligen Dorfzentrum unterhalb des wuchtigen Bergfrieds der einstigen Burganlage. Seis, das einst nur aus wenigen Bauernhäusern bestand, hat sich in den letzten Jahren zu einem Feriendorf entwickelt. Das kleine Zentrum liegt unterhalb der Hauptstraße. Im Dorf haben viele Bozner ihren Zweitwohnsitz, um der sommerlichen Hitze der Stadt entfliehen zu können.

### Sehenswert

**Kalvarienberg:** Letzter Rest der ehemaligen Burganlage von Kastelruth ist der wuchtige Bergfried mit den beiden Kofelkapellen, zu denen vom Dorf ein Kreuzweg hinaufführt (20 Min.).

**St. Valentin:** Das Kirchlein steht oberhalb von Seis an einem Wiesenhang und besitzt schöne Fresken aus dem 14. Jh. Prachtvoll ist die Aussicht auf das nahe Schlernmassiv.

**Ruine Hauenstein:** Ein Waldweg (Nr. 8) führt vom Hotel Waldrast in Seis hinauf zur Burg (45 Min.), auf der der Abenteurer und Dichter Oswald von Wolkenstein lange Jahre lebte.

**Historisches Spektakel – der Wolkensteinritt bei Kastelruth**

## Highlight 4

**Seiser Alm und Schlern:** Mit über 50 km$^2$ zählt das sanfte Plateau zwischen Schlern, Langkofel und Grödner Tal zu den größten und schönsten Hochalmen in Europa. Lange Jahre wurde auf die landschaftliche Unversehrtheit wenig Rücksicht genommen. Hotels, Hütten, Straßen und Parkplätze breiteten sich nahezu unkontrolliert aus. Die mehr als eine Million Besucher, die in über 400 000 Autos und Bussen jedes Jahr heraufkamen, überschritten bereits die Grenzen der Belastbarkeit. Mit der neuen – allerdings umstrittenen – Umlaufbahn von Seis hinauf zur Hotelsiedlung Compatsch auf 1844 m Höhe hofft man, die Probleme in den Griff zu bekommen. Die Auffahrt auf der Straße ist nunmehr streng reglementiert (Totalsperrung 9–17 Uhr, vor 9 Uhr dürfen maximal 250 Fahrzeuge hinauffahren; Gäste der Hotels auf der Seiser Alm sind nicht betroffen und haben mit Sondererlaubnis freie Zufahrt; da die Regelung noch nicht endgültig ist, empfiehlt sich die Erkundigung beim Verkehrsamt). Der Schlern, der mit seiner massiven Blockgestalt eines der Wahrzeichen Südtirols ist, liegt eingebettet in einen Naturpark, der sich hinüber bis zum Tierser Tal erstreckt.

## Sport & Freizeit

**Wandern:** Seiser Alm und Schlern sind ein Wanderrevier ersten Ranges. Eine anstrengende, aber überaus lohnende Rundtour (7,5 Std.) führt von Compatsch auf dem ›Touristensteig‹ hinauf zum Schlern (Übernachtungsmöglichkeit in den Schlernhäusern), über die Schlern-Hochfläche und durch die Rosszahnscharte zurück nach Compatsch.

**Gleitschirm:** Tandem-Flüge sind möglich bei: energy fly, Rosengartenstr. 35, Kastelruth, Tel. 33 56 03 64 00, www.energy-fly.com.

## Einkaufen

**Silbernagl:** Kein quirliges Shoppingcenter, sondern ein ruhiges übersichtliches Kaufhaus in Kastelruth, im Parterre Lebensmittel und im ersten Stock eine reiche Auswahl an Weinen und Spirituosen.

**Bauernmarkt:** Anfang Juni–Ende Okt. Fr 9–13 Uhr auf dem Kastelruther Marktplatz.

## Feste & Unterhaltung

**Oswald-von-Wolkenstein-Ritt:** Die mittelalterlichen Turnierspiele auf Haflinger-Pferden sind ein Spektakel, das Tausende von Besuchern anlockt. Sie finden jedes Jahr im Juni auf der Mittelgebirgsterrasse unterhalb des Schlerns und der Seiser Alm statt (www.ovw-ritt.com).

**Tourismusverein:** Krausplatz 1, 39040 Kastelruth, Tel. 04 71 70 63 33, Fax 04 71 70 51 88, www.schlerngebiet.com. Info-Büros auch in Seis und auf der Seiser Alm.

**Zallinger***:** Seiser Alm, Tel. 04 71 72 79 47, Fax 04 71 72 92 00, www.zallinger.com, Juni–Okt. und Weihnachten–Ostern geöffnet, HP 64 € pro Person (49 €).
Einsam am hintersten Eck der Seiser Alm, direkt unterhalb des Plattkofels, steht auf 2054 m Höhe als idealer Stützpunkt für Wanderungen der gemütliche Berggasthof von Hans Schenk (im Sommer Zufahrt auf Schottersträßchen, im Winter Abholung per Schneekatze).

**Goldenes Rössl****:** Dorfzentrum Kastelruth, Tel. 04 71 70 63 37, Fax 04 71 70 71 72, www.cavallino.it, Nov.

und für wenige Wochen nach Ostern geschl., DZ 120 € (80 €).
Ländlich-elegantes Hotel mit 600-jähriger Tradition; von den Balkonzimmern schöne Dolomiten-Blicke; gepflegtes Restaurant (regionale Küche mit italienischem Flair).
**Schwarzer Adler***:** Dorfzentrum Seis, Tel. 04 71 70 61 46, Fax 04 71 70 63 35, www.hotelschwarzeradler.it, Mai–Okt. und Weihnachten–März geöffnet, DZ 136 € (104 €).
Das behagliche Hotel der Familie Mutschlechner liegt ruhig abseits der Durchgangsstraße.

**Zum Turm:** Kastelruth, hinter dem Rathaus-Durchgang, Tel. 04 71 70 63 49, Nov. und drei Wochen nach Ostern geschl., Mi Ruhetag.
Gasthaus mit jahrhundertelang geübter Gastlichkeit im sehr ansprechenden Ambiente, Südtiroler Küche (Hauptgericht ab 13,50 €); auch Drei-Sterne-Hotel.

**Bus:** Von Seis und Kastelruth nach Völs, Gröden, Bozen und auf die Seiser Alm. Kostenloser Busdienst von Panider Sattel, Kastelruth, Seis und Völs zur Talstation der Umlaufbahn zur Seiser Alm.

## Kastelruther Spatzen

Ihrer Heimat treu verbunden, veranstaltet die Musikgruppe, die den volkstümlichen Schlager pflegt, beim Tirler Hof etwas oberhalb von Kastelruth alljährlich Mitte Juni ein Open-Air-Konzert und im Oktober ein Zeltfest. Die Plätze der Riesengaudi sind stets sehr gefragt, so dass eine frühzeitige Reservierung notwendig ist (Kartenvorverkauf: Music Promotion, Dolomitenstr. 1, Tel. 04 71 71 01 02, Termine: www.kastelrutherspatzen.de).

# Klausen/Chiusa (G4)

Wie in einer Klause, einem Engpass, duckt sich das Städtchen (4600 Einwohner) im schmalen Eisacktal an den Säbener Klosterfelsen. Die Dächer der stattlichen, hohen Bürgerhäuser an der Hauptstraße scheinen aneinander zu stoßen. Kaum zu glauben, dass jahrhundertelang der gesamte Handels- und Reiseverkehr über den Brenner durch Klausen verlief. Heute sind die motorisierten Fahrzeuge zum größten Teil aus dem nunmehr wieder ganz beschaulichen Zentrum verbannt, die in das ›Verzeichnis der schönsten Altstädte Italiens‹ aufgenommen wurde.

## Sehenswert

**Kloster Säben:** Zwischen dem 4. und 10. Jh. war die mächtige Anlage auf dem ›Heiligen Berg‹ 200 m oberhalb der Stadt (nur zu Fuß zu erreichen, ca. 30 Min.) Bistumssitz, später dann eine wehrhafte Festung. Seit 1681 ist Säben ein Benediktinerinnenkloster, in dem derzeit elf Nonnen leben. Die vier Kirchen können besichtigt werden (ganzjährig, tgl. 8–17, die Liebfrauenkirche jedoch nur im Juli und Aug. Di und Fr 15–18 sowie zusätzlich Sa 10.30–12.30 Uhr), das Kloster selbst ist Klausurbereich und kann nicht besucht werden.
**Stadtmuseum:** Frag 1, am Rand der Altstadt, Ende März–Ende Aug. Di–Sa 10–12 und 16–19, Anfang Sept.–

Mitte Nov. Di–Sa 9.30–12 und 15.30–18 Uhr.
Im Obergeschoss des ehemaligen Kapuzinerklosters ist der berühmte Loretoschatz ausgestellt, eine Schenkung von Bildern und religiösen Gegenständen der spanischen Königin Maria Anna an ihren Klausener Beichtvater.

## Sport & Freizeit

**Rad:** Klausen liegt am geplanten durchgehenden Eisacktaler Radweg, der zwischen dem ehemaligen Villnösser Bahnhof und Kollmann bereits befahrbar ist.

## Einkaufen

**Mineralien:** Seit Jahrzehnten verkauft Bruno Terzariol in seinem Laden am Anfang des Weges zum Kloster Säben ausgesuchte Edelsteine und Mineralien.
**Eisacktaler Kellereigenossenschaft:** Leitach 50, www.eisacktaler-kellerei.it Mo–Fr 8–12 und 14–18, Sa 8–12 Uhr.
Verkauf und Verkostung der sehr trockenen, von ›Weinbeißern‹ sehr geschätzten Weißweine des Tales.

## Ausgehen

**divino:** Oberstadt 51, Tel. 04 72 84 77 81, ganzjährig, Mo–Do 8–23, Fr und Sa 8–24 Uhr, So Ruhetag.
In der zeitgemäßen Weinbar in einem historischen Altstadthaus werden hauptsächlich Südtiroler Weine kredenzt (auch Verkauf).

**Tourismusverein:** Tinneplatz 6, 39043 Klausen, Tel. 04 72 84 74 24, Fax 04 72 84 72 44, www.klausen.it

**Walter von der Vogelweide***:** Oberstadt 66, Tel. 04 72 84 73 69, Fax 04 72 84 62 02, www.vogelweide.it, Jan. geschl., DZ 64 €.
Das hübsche, gemütliche Hotel in einem der Altstadthäuser (13. Jh.) steht unter Denkmalschutz, deshalb wollen die angenehmen Zimmer auch erstiegen werden; nette Gaststuben und große Terrasse mit Eisack-Blick (einheimische Kost und Pizzen, Hauptgericht ab 10 €).
**Fonteklaus***:** Oberhalb der Stadt (3 km), Tel. 04 71 65 56 54, Fax 04 71 65 50 45, www.fonteklaus.it, April–Okt. geöffnet, DZ 74 €.
Zum herrlich gelegenen Gasthof in einem alten Ansitz mit schönem Garten führen ein Wanderweg und eine kleine Straße hinauf, aber die Hotelgäste werden auf Wunsch auch vom Bahnhof abgeholt.
**Goldener Adler***:** Auf der Frag 14, Tel. 04 72 84 61 11, Fax 04 72 84 62 34, www.goldeneradler.it, ganzjährig, DZ ab 96 € (ab 80 €).
Gediegenes Hotel am südlichen Rand der Altstadt mit Wellnessanlage und Fitnessraum.

**Unterwirt:** In Gufidaun (4 km), Tel. 04 72 84 40 00, Mitte Jan.–Mitte Feb. geschl., So und Mo Ruhetag.
Der Gasthof ist uralt: über 600 Jahre, sagt man im Dorf. Seit dem 18. Jh. ist das Haus im Besitz der Familie Haselwanter. Heute steht Sohn Thomas am Herd, auf den Tisch kommen traditionelle Südtiroler, aber auch italienische Gerichte (Hauptgang ab 13 €).
**Zur Traube:** St. Andreas Platz 6, Tel. 04 72 84 53 08, ganzjährig, 7.30–20 Uhr, Mo Ruhetag.
Auf der anderen Seite des Eisacks lockt die Konditorei in modernen, sachlichen Räumen mit leckeren Torten aus eigener Herstellung.

**In der Altstadt von Klausen**

**Bahnhof:** Am anderen Eisackufer, Züge nach Bozen, Trento, Brixen, Brenner.

**Bus:** Die Busse durch das Eisacktal nach Bozen und Brixen sowie nach Gröden halten am nördlichen und südlichen Stadtrand an der Brennerstraße, die Busse in die umliegenden Dörfer starten am Busbahnhof in der Nähe des Bahnhofs.

## Ziele in der Umgebung

**Pfundererberg:** Oberhalb von Klausen und Villanders (10 km) liegt das Bergwerk, dem die Stadt ihren Reichtum im Mittelalter verdankt. Der feuchte, 8 Grad kühle Elisabeth-Stollen wurde restauriert und kann während einer zweistündigen Führung besichtigt werden (Juli–Okt. Di, Do 10 und So 14 Uhr, festes Schuhwerk, Anorak und Taschenlampe notwendig); www.pfundererbergwerk.com.

**Feldthurns:** Das propere Dorf (6 km) liegt inmitten von Kastanienhainen auf einer Höhenterrasse über dem Eisacktal. Das Renaissanceschloss Velthurns mit seinen prunkvollen Innenräumen war einst Sommersitz der Brixener Bischöfe; Besichtigung nur mit Führung März–Nov. Di–So 10, 11, 14.30 und 15.30 Uhr.

**Trostburg:** 6 km südlich, oberhalb des Dorfes Waidbruck. Das Bilderbuchschloss aus dem 12. Jh. (im 16. Jh. zur Renaissanceresidenz umgebaut) mit prachtvollen Räumen und wehrhaften Befestigungen ist nur zu Fuß zu erreichen (20 Min. auf dem Burgweg). Der Minnesänger und Gesandte Oswald von Wolkenstein soll hier seine Jugendjahre verbracht haben. Besichtigung nur mit Führung, April–Okt. Di–So 11, 14, und 15, Juli/Aug. zusätzlich 10 und 16 Uhr.

**Bad Dreikirchen:** Die Bewohner des winzigen Weilers (15 km) und früheren ›Bauernbadls‹ oberhalb des Eisacktales versperren sich bewusst der motorisierten Erschließung. Die drei namensgebenden ineinander geschachtelten schönen Kirchlein (Schlüssel im Gasthof Messnerhof) sind nur auf einem Waldsteig vom Dorf Barbian zu erreichen (30–45 Min.).

## Lana (E5)

Die wohlhabende weitläufige Marktgemeinde (9300 Einwohner) am Eingang des Ultentals ist der wichtigste Obstproduzent Südtirols. Die nahezu völlige Umstellung vom Wein- zum Apfelanbau in riesigen Plantagen erfolgte erst seit 1957. Der zweite wichtige Erwerbszweig ist der Tourismus. Einen landesweiten Ruf hat sich Lana durch sein reiches Kulturangebot erworben, mit dem manche Südtiroler Städte nicht mithalten können. Sechs Chöre, drei Musikkapellen, drei Theatergruppen, der ambitionierte ›Verein der Bücherwürmer‹ und eine Galerie gehören zum lebendigen Gemeindeleben.

### Sehenswert

**Schnatterpeck-Altar:** In Niederlana, nur Führungen Mitte April–Okt. Mo–Sa stündlich 10.30–11.30 und 14–17 Uhr.
Der spätgotische Flügelaltar in der Pfarrkirche Maria Himmelfahrt (15. Jh.) ist ein Werk des schwäbischen, später in Meran ansässigen Meisters Hans Schnatterpeck. Der Altar beeindruckt weniger durch seine künstlerische Bedeutung als durch die monumentale Höhe von über 14 m.

**Südtiroler Obstbaumuseum:** In Niederlana, www.obstbaumuseum.it, April–Anfang Nov. Di–Sa 10–12 und 14–17, So 14–18 Uhr.
Das sehenswerte Museum im ehemaligen Ansitz Larchgut zeigt anhand zahlreicher Exponate und Schautafeln die Geschichte des Obst- und Weinanbaus in der Region.

**Schloss Lebenberg:** In Tscherms, Führungen: Anfang April–Okt. Mo–Sa 10.30–12.30 und 14–16.30 Uhr.
Die Herren von Marling ließen die Burg im 13. Jh. errichten. Aus dieser Zeit sind der Palas und der Bergfried erhalten, während die meisten anderen Gebäude mit ihren schönen Sälen und Gemächern aus dem 18. Jh. stammen.

### Sport & Freizeit

**Golf:** 9-Loch-Anlage am Gutshof Brandis (www.golfclublana.it), Brandisweg 19, am Ortsrand von Lana.

**Tourismusverein:** Andreas-Hofer-Straße 7/b, 39011 Lana, Tel. 04 73 56 17 70, Fax 04 73 56 19 79, www.lana.net.

**Eichhof***:** Aichweg 4, Tel. 04 73 56 11 55, Fax 04 73 56 37 10, www.eichhof.net, Ende März–Anfang Nov. geöffnet, HP pro Person ab 60 €.
Freundliches Hotel mit schattigem Garten und Pool.

**Vigilius Mountain Resort*****:** Vigiljoch, Tel. 04 73 55 66 00, Fax 04 73 55 66 99, www.vigilius.it, Mitte März–Mitte April und Mitte Nov.–Mitte Dez. geschl., DZ ab 310 € (ab 290 €).
Auf der nahezu autofreien Höhenterrasse (Zugang per Seilbahn, für Hotelgäste kostenlos) steht das beeindruckende, nach ökologischen Gesichtspunkten erbaute Luxushotel aus Holz und Glas; mit Spa und Pool.

**Kirchsteiger:** Tel. 04 73 56 80 44, Mitte Jan.–Anfang Feb. geschl., Do Ruhetag.
Das Restaurant im Bergdorf Völlan bei

Lana setzt auf verfeinerte traditionelle Küche (Hauptgericht 20 €); auch Übernachtungsmöglichkeit: DZ ab 76 € (ab 72 €).

**Bus** nach Meran, Völlan, Tisens, St. Felix, Fondo (Trentino) sowie ins Ultental.

### Ziele in der Umgebung

**Nonsberg und Fondo:** Auf der Straße über das Gampenjoch ist leicht der Nonsberg zu erreichen, der gar kein Berg, sondern ein Tal ist. Die beschaulichen Dörfer St. Felix, Laurein und Proveis gehören zwar zu Südtirol, orientieren sich aber seit altersher zum Trentino, denn bis vor wenigen Jahren waren sie viel leichter von Süden her, von der Nachbarprovinz aus, zu erreichen. So hat sich viel von der Ursprünglichkeit erhalten, die anderswo in Südtirol verloren gegangen ist. Einen Besuch wert ist auch weiter unten im Tal das schöne Trentiner Marktstädtchen Fondo (32 km von Lana).

## Mals/Malles (A4)

Im Mittelalter konkurrierte Mals, Gerichtssitz der Bischöfe aus Chur, mit dem benachbarten Städtchen Glurns, das von den Tiroler Landesfürsten unterstützt wurde. Heute hat die große Marktgemeinde Mals (4900 Einwohner) den Konkurrenten in jeder Hinsicht überflügelt und ist wirtschaftliches und verwaltungspolitisches Zentrum des Obervinschgau. Einen wichtigen Anteil hatte dabei die im Jahr 1906 eröffnete Vinschgauer Eisenbahn, die in Mals endete und den Marktort zu einem wichtigen Umschlagplatz werden ließ. Rings um den zentralen Peter-Glückh-Platz herrscht kleinstädtisches Treiben.

### Sehenswert

**St. Benedikt:** Am Ortsrand von Mals, Führungen Juli und Aug. Mo–Sa 9.30–10.30 Uhr, Mai, Juni, Sept. und Okt. Di–Do sowie Sa 9.30–10.30, Nov.–April nur Fr 10 Uhr.
Die kleine Kirche ist die vielleicht schönste der zahlreichen romanischen Kirchen im oberen Vinschgau. Um 800 als Filialkirche des Klosters in Müstair gegründet, birgt das Gotteshaus wertvolle karolingische Fresken. Besonders beeindruckend sind die Darstellungen der beiden Kirchenstifter: Der weltliche trägt fränkische Kampfausrüstung, während der geistliche Stifter ein Modell des Gotteshauses in den Händen hält.

### Highlight 5

**Kloster Marienberg:** Von der Malser Fraktion Burgeis 1/2 Std. zu Fuß, Krypta-Führungen: Juli–Sept. Mo–Fr 10, 11, 15 und 16, Sa 10, 11, Mai, Juni und Okt. Mo–Fr 10.45 und 15, Sa nur 10.45 Uhr, im Winter nur nach Anmeldung.
Hoch über dem schönen ansehnlichen Dorf Burgeis steht der weiße, vielfenstrige Bau des Benediktinerklosters Marienberg, das um 1150 gegründet wurde und das eine entscheidende Rolle für die Germanisierung des rätoromanischen Vinschgau spielte. Die Klosterkirche mit dem romanischen Säulenportal war ursprünglich eine dreischiffige Pfeilerbasilika (11.45–13 Uhr geschl.). Die Krypta darunter beherbergt einzigartige romanische Fresken aus der Zeit der Stiftsgründung. Die herrlichen Engelsfiguren und die Aposteldarstellungen in leuchtenden Farben lassen byzantinischen Einfluss vermuten. Die übrigen Räume des weitläufi-

gen Klosters können nicht besichtigt werden.

## Sport & Freizeit

**Wandern:** Waal-Wanderungen, z. B. Rundtour von Schluderns am Leiten- und Bergwaal (3,5 Stunden). Regelmäßig geführte Touren des Tourismusvereins (Anmeldung nötig).
**Rad:** Der Etsch-Radweg, der auf weiten Strecken bereits fertig gestellt ist, beginnt am Reschenpass und führt durch den Vinschgau über Meran und Bozen bis zur Grenze des Trentino nach Venetien.
**Kite:** Der Reschensee ist das Mekka der Südtiroler Kite-Segler.

## Einkaufen

**Englhorn:** Die Hofkäserei der Familie Agethle im Dorf Schleis produziert und verkauft delikate Rohmilchkäse.
**Märkte:** Traditioneller Vieh- und Krämermarkt Mitte Okt. in Mals (›Gallimarkt‹) und Anfang Nov. in Glurns (›Sealamorkt‹).

## Feste & Unterhaltung

**XONG:** Jedes Jahr im Juli findet das einwöchige innovative Musikfestival mit einem grenzüberschreitenden Konzertprogramm, Workshops und Themenwanderungen statt (www.raetia.net).

**Tourismusverein:** St. Benediktstr. 1, 39024 Mals, Tel. 04 73 73 70 70, Fax 04 73 83 19 01, www.ferienregion-obervinschgau.it; Info-Büro auch in Burgeis.

**Greif***:** Tel. 04 73 83 11 89, Fax 04 73 83 19 06, www.hotel-greif.com, DZ 100 € (90 €).
Das traditionelle Hotel im Zentrum von Mals wird ökologisch geführt; im Restaurant Vollwertkost.

**Zum Mohren:** In Burgeis, Tel. 04 73 83 12 23, Fax 04 73 83 04 06, www.mohren-plavina.com, ganzjährig geöffnet, Di und Mi Mittag geschl.
Seit Generationen von der Familie Theiner geführter Gasthof; Südtiroler Speisen (Hauptgericht: ab 10 €); auch Zimmer und ***-Pension nahebei: DZ ab 68 €.
**Weisses Kreuz:** In Burgeis, Tel. 04 73 83 13 07, Fax 04 73 83 16 53, www.weisseskreuz.it, Allerheiligen–Mitte Dez. und einen Monat nach Ostern geschl., Do Ruhetag.
Leichte traditionelle Küche mit italienischen und internationalen Einflüssen (Hauptgericht: 14 €); auch ****-Hotel: DZ 114 € (82 €).

**Bahn:** Nach Meran.
**Bus:** Linienverkehr durch den gesamten Vinschgau sowie zum Stilfser Joch, nach Nauders (Österreich) und durch das Münstertal nach Müstair (Schweiz).

## Ziele in der Umgebung

**Churburg:** In Schluderns (4 km), www.churburg.com, Führungen: Mitte März–Okt. Di–So 10–12 und 14–16.30 Uhr.
Das schöne Dorf Schluderns wird von der überaus gut erhaltenen Burganlage überragt, die – strategisch günstig am Eingang des Matscher Tales – Mitte des 13. Jh. erbaut wurde. Seit 1504 gehört die Burg dem Geschlecht derer von Trapp, die die Churburg im Stil der Renaissance erweitern und umbauen ließen. Noch heute nutzt die Familie die Anlage als Sommersitz. Höhepunkte der Führung sind der Loggienhof mit dem bemalten Arkadengang sowie die Rüstkammer.

Glurns, ein Städtchen wie aus dem Mittelalter

**Vintschger Museum:** In Schluderns (4 km), Mitte März–Okt. Di–So 10–12 und 15–18 Uhr.
Das Museum thematisiert den Widerspruch zwischen höfischem Burgleben und bäuerlicher Alltagskultur, erläutert die Geschichte der Waale und zeigt Funde der Ausgrabungen am Ganglegg oberhalb Schluderns, einer bronzezeitlichen Siedlung.

## Highlight 6

**Glurns:** Mit nur 850 Einwohnern ist Glurns die kleinste Stadt Südtirols. Im Jahr 1304 erhielt der Ort die Stadtrechte und entwickelte sich rasch zu einem blühenden Handelsstädtchen. Im ›Engadiner Krieg‹ wurde 1499 das habsburgische Ritter- und Söldnerheer westlich der Stadt bei Calven von der Schweizer Bauernarmee vernichtend geschlagen. Damit wurde die Schweizer Eidgenossenschaft endgültig unabhängig. In den nachfolgenden Jahrhunderten verlagerten sich die Handelswege und die politischen Machtzentren, so dass Glurns gleichsam in einen Dornröschenschlaf fiel und sich bis heute sein mittelalterliches Stadtbild bewahrt hat. In der kleinen, überschaubaren Stadt kann man sich nicht verlaufen. Egal, welche Gasse man einschlägt, nach wenigen hundert Metern trifft man auf die vollständig erhaltene Stadtmauer mit ihren drei Toren, massiven Türmen und Rondellen. Zentraler Punkt ist der schöne Stadtplatz mit den beiden Gasthäusern. Die Laubengasse, in der es anders als in Bozen und Meran keine Geschäfte gibt, ist so niedrig, dass man den Kopf einziehen muss.
**Münstertal:** Am Dorfeingang von Taufers (9 km) steht der gedrungene Komplex von St. Johann. Die Kirche und das angeschlossene Pilgerhospiz (Di, Mi, Sa 9–12 und Do 15–18 Uhr) wurden An-

fang des 13. Jh. von den Johannitern errichtet. Das Innere wie auch die Außenwand der Kirche sind mit spätromanischen Fresken geschmückt, die durch ihre expressive Malerei begeistern. Die Stiftskirche St. Johann im Ort Müstair/Münster kurz hinter der schweizerischen Grenze (13 km) besitzt einen weltberühmten karolingischen Freskenzyklus (Sommer: 5.30–20, Winter: 6–17 Uhr).

**Reschensee:** Der künstliche See im obersten Vinschgau kurz vor der Grenze nach Österreich wurde 1949 zur Stromgewinnung aufgestaut. In den Fluten versanken alle Häuser des Dorfes Graun sowie etliche Bauten der Dörfer St. Valentin und Reschen. Nur der Turm der alten Grauner Pfarrkirche ragt bis heute aus dem Wasser. Vom neuen Dorf Graun am Rand des Stausees (18 km) legt die MS Hubertus-Interregio als einziges Ausflugsschiff in Südtirol zur Rundfahrt ab.

# Meran/Merano (E4)

Die Stadt im sonnenverwöhnten weiten Talbecken des Burggrafenamtes hat eine rasante Geschichte hinter sich: Einst aus dem römischen Militärlager *castrum Maiense* entstanden, war sie im Mittelalter Residenz- und Hauptstadt von Tirol. Die Glanzzeit, von der die Stadt bis heute zehrt, erlebte Meran im 19. Jh. als mondäner Kurort des europäischen Hoch- und Geldadels in der habsburgischen k. u. k. Monarchie. Das Kurhaus, das Theater und die Promenaden zeugen bis in die Gegenwart von dieser Epoche. Mit der seit kurzem eröffneten prachtvollen Gartenanlage von Schloss Trauttmansdorff und den neuen Thermen versucht die Stadt an die vergangenen Zeiten anzuknüpfen. Mit knapp 33 500 Einwohnern ist Meran heute die zweitgrößte Stadt in Südtirol und lebendiges Verwaltungs- und Einkaufszentrum des Burggrafenamtes.

## Sehenswert

**Laubengasse:** Die ältesten Häuser der engen Straße mit den schattigen Arkadengängen wurden in der zweiten Hälfte des 13. Jh. erbaut und spiegeln den Reichtum des aufstrebenden mittelalterlichen Städtchens wider. Auch heute ist die verkehrsberuhigte Gasse mit ihren versteckten Seitengängen, reich ausgestatteten Läden und alten Gasthäusern das wichtigste Einkaufszentrum für Meran und die Umgebung.

**Landesfürstliche Burg:** Galileistr., März–Dez. Di–Sa 10–17, So 10–13 Uhr.
Durch den offenen Durchgang des Rathauses (Laubengasse Nr. 194–192) erreicht man den ehemaligen Stadtsitz der Herren von Schloss Tirol, der an eine Spielzeugburg erinnert. Heute ist hier eine Art Museum der mittelalterlichen Wohnkultur untergebracht. Die Räume sind mit gotischem Mobiliar ausgestattet, das aus allen Landesteilen zusammengetragen wurde.

**Frauenmuseum ›Evelyn Ortner‹:** Laubengasse 68, www.museina.org, Feb.–Okt. Mo–Fr 10–12 und 14–17, Sa 10–12.30, Nov.–Dez. Fr–So 10–17 Uhr.
Das kleine, engagiert geführte Museum zeigt Kleider, Schuhe und Accessoires wie Täschchen und Hüte und spannt den Bogen des Frauenbilds von der Biedermeierzeit bis in unsere Tage.

**Kurpromenade:** Das Alte und das Neue Kurhaus vereinigen Bauelemente des Klassizismus und des Jugendstils. Auf den Bänken und auf den Terrassen der Cafés an den gepflegten Promenaden, die sich entlang der Passer ziehen,

ist während der Saison kaum ein freier Platz zu finden.

**Spitalkirche zum Heiligen Geist:** Romstr., ganzjährig, tgl. 8–12 und 15–18.30 Uhr.

Am anderen Passerufer steht gegenüber der Hauptpost im tobenden Straßenverkehr das Gotteshaus, das als Meisterleistung gotischer Raumharmonie gilt. Im Kircheninneren sind vier Reliefs eines früheren Hochaltars von Jörg Lederer (um 1520) sowie eine große frühgotische Kreuzigungsgruppe (14. Jh.) zu bewundern.

## Highlight 7

**Schloss und Gärten von Trauttmansdorff:** St. Valentin Str. 51a, www.trauttmansdorff.it, Mitte März–Mitte Nov. 9–18, Mitte Mai–Mitte Sept. bis 21 Uhr.

Schon außerhalb der Stadt liegen die neu gestalteten großzügigen Anlagen, die ein wahres Schmuckstück Merans sind (Stadtbusse Nr. 1B und 4). Der Name ist auf eine Adelsfamilie aus der Steiermark zurückzuführen, die im Jahr 1543 die Burg aus dem 13. Jh. erwarb und zum Schloss ausbauen ließ. Berühmtester Gast war ›Sissi‹, die österreichische Kaiserin Elisabeth. Nach langer Planungs- und Bauzeit und unter immensen Kosten wurde der riesige Garten in einen beeindruckenden botanischen Park mit verschiedenen thematischen Gärten und Pavillons umgewandelt. Das Schloss selbst beherbergt das ›Touriseum‹, ein sehenswertes Museum des Tourismus, das die Geschichte des Tiroler Fremdenverkehrs von

1800 bis zur Gegenwart Revue passieren lässt.

## Sport und Freizeit

**Wandern:** Neben den Promenaden entlang der Passer besitzt die Stadt mit der ›Tappeinerpromenade‹ auch einen herrlichen fast ebenen Panoramaweg, der rund 100 m oberhalb des Meraner Talkessels durch ein im Frühling rauschendes Blütenmeer von der Zenoburg nach Gratsch führt. Die Ifinger-Seilbahn vom Vorort Naif (Stadtbus 1A) erschließt das Wander- und Skigebiet ›Meran 2000‹.

**Thermen:** Thermenallee, www.termemerano.com, ganzjährig geöffnet.

Voraussichtlich im Herbst 2005 wird in einem 5 ha großen Park die neue Thermenlandschaft mit Frei- und Hallenbad, Saunen, Wellness- und Fitnesseinrichtungen sowie einem großen Therapiezentrum eröffnet werden.

**Pferderennplatz:** Die 1896 erbaute und 1935 erweiterte Anlage im Stadtteil Untermais (Stadtbusse Nr. 11 und 12) zählt zu den schönsten Pferdesportplätzen weltweit. Neben den allwöchentlichen Rennen sind das Bauerngaloppennen auf Haflingerpferden am Ostermontag und der ›Große Preis von Meran‹ Ende September, das bedeutendste Hürdenrennen in Kontinentaleuropa, die Höhepunkte der Rennsaison.

**Schloss Trauttmannsdorff**

## Einkaufen

Unter den **Lauben** ist nahezu alles zu finden: Von der eleganten Damenmode bei Les Libres (Hausnummer 95) über gute Buchhandlungen bis zum Trachten- und Loden-Fachgeschäft Runggaldier (Nr. 276); bei Kikinger (Nr. 165) werden seit 1845 Kerzen gezogen und verkauft, und bei Seibstock (Nr. 227) bekommt man Speck, Käse, Weine und andere Delikatessen. Ganz in der Nähe bietet **Winterholer** (Rennweg 72) über 100 verschiedene Sorten Grappa und edle Weine an. Etwas weiter entfernt jenseits der Passer befindet sich das Paradies für Weinkenner, das **Meraner Weinhaus** (Romstr. 76), das für sein breites und exzellentes Sortiment 2004 als beste Vinothek in Italien ausgezeichnet wurde.

**Obst- und Krämermarkt:** Jeden Fr 8–13 Uhr am Bahnhof.

## Ausgehen

**Giardino:** Kurpromenade 2. Tagsüber viel besuchtes Terrassencafé, abends Szene-Treff mit Live-Musik (bis 1 Uhr).

**Bistro Sieben:** Laubengasse 232, tgl. 8.15–1 Uhr.
Mitten im Zentrum für den schnellen Espresso und abends für das gute Glas Wein oder den gepflegten Cocktail.

**Hans:** Laubengasse 205, Tel. 04 73 23 71 83, So Ruhetag.
Genau gegenüber dem Bistro Sieben als Kontrastprogramm die traditionelle Südtiroler Weinstube.

**Vinothek Relax:** Cavourstr. 31, Tel. 04 73 23 67 35, 7.30–1.30 Uhr, So Ruhetag. Gute Weine und Grappe; auch viel besuchte Pizzeria.

**Eisdiele:** Nicht ganz so elegant, aber dafür reeller als an der Kurpromenade, geht es in der kleinen *gelateria* in der Carduccistr. 4 zu, die vom Theaterplatz abzweigt (April–Mitte Okt. geöffnet).

## Meran zu Zeiten der Kaiserin Sissi

Viel schöner, als nach dem Besuch von Trauttmansdorff mit dem Bus in die Stadt zurückzukehren, ist der Spaziergang auf dem gut ausgeschilderten ›Sissi-Weg‹. Fast ohne Verkehr führt die Route vom Schloss Trauttmansdorff (Wegeplan an der Kasse) durch Wein- und Obstgärten, vorbei an Ansitzen, stattlichen Höfen, Stadtvillen und altwürdigen Hotels in einer gemütlichen Stunde hinab in die Kurstadt. Einkehrmöglichkeiten gibt es auf halber Strecke im Zentrum von Obermais.

## Feste & Unterhaltung

**Stadttheater:** Im 1900 eröffneten Jugendstilbau am zentralen Theaterplatz werden deutsche und italienische Gastspiele, aber auch Produktionen von heimischen Ensembles gezeigt.

**Theater in der Altstadt:** Engagierte kleine Bühne in der Freiheitsstr. 27, auch Kabarett- und Musikabende (www.tida.it).

**Meranflora:** Internationale Blumenschau alle geraden Jahre Ende April auf der Sommerpromenade.

**Meraner Musikwochen:** Ende Aug.–Ende Sept. Bedeutendes Festival für klassische Musik im Kurhaus in der Freiheitsstr. (www.meranofestival.com).

**Kurverwaltung:** Freiheitsstraße 45, 39012 Meran, Tel. 04 73 27 20 00, Fax 04 73 23 55 24, www.meraninfo.it.

**Jugendherberge:** Carduccistr. 77, Tel. 04 73 20 14 75, Fax 04 73 20 71 54, www.meran.

jugendherberge.it, ganzjährig, pro Person mit Frühstück ab 19 €.
Das neu erbaute Haus für junge Menschen befindet sich knapp 10 Gehminuten vom Bahnhof entfernt.

**Rainer**:** Laubengasse 266, Tel. und Fax 04 73 23 61 49, Feb. und 1 Woche im Juni geschl., DZ 76 €.
Angenehmer einfacher Gasthof im Zentrum; auch Restaurant mit Gastgarten.

**Aurora****:** Kurpromenade 38, Tel. 04 73 21 18 00, Fax 04 73 21 11 13, www.hotel-aurora-meran.com, Anfang Jan.–Anfang März geschl., DZ 156 € (144 €).
Das noble Stadthotel steht direkt an der Passer und Kurpromenade.

**Villa Tivoli****:** Verdistr. 72, Tel. 04 73 44 62 82, Fax 04 73 44 68 49, www.villativoli.it, Anfang Nov.–März geschl., DZ 176 € (150 €).
Die stilvolle Hoteloase mit großem Garten, herrlicher Terrasse und Schwimmbad liegt etwas außerhalb des Zentrums.

**Sissi:** Galileistr. 44, Tel. 04 73 23 10 62, ab Mitte Jan. 3 Wochen geschl., Mo Ruhetag.
Top-Restaurant mit Jugendstileinrichtung (Hauptgericht: 20 €).

**Santer Klause:** Passeiergasse 36, Tel. 04 73 23 40 86, Do Ruhetag.
Wirtshaus mit schöner Stube aus dem 16. Jh. und schattigem Gastgarten; bodenständige Küche (Herrengröstl 12 €).

**Forsterbräu:** Freiheitsstr. 90, Tel. 04 73 23 65 35, ganzjährig, Di Ruhetag.
Das Gasthaus der großen Südtiroler Brauerei serviert zu gepflegten Bieren durchgehend 11.30–22 Uhr einheimische Kost (Herrengröstl 10 €).

**Bahn:** Halbstündlicher/stündlicher Taktverkehr nach Bozen und durch den Vinschgau nach Mals.

**Bus:** Gutes innerstädtisches Busnetz. Zentrale Busstation für den Regionalverkehr in die umliegenden Dörfer und Täler derzeit noch vor dem Bahnhof (Verlegung 2005/06 in die Thermenallee geplant); die meisten Regionalbusse halten auch im Stadtzentrum am Rennweg.

## Naturns/Naturno (D4)

Das urbane Dorf (ca. 5000 Einwohner) zählt zu den wichtigen Ferienorten im unteren Vinschgau und erstreckt sich entlang der historischen römischen Handelsstraße ›Via Claudia Augusta‹ und heutigen Staatsstraße. Der Bau einer Umgehungsstraße hat dem gepflegten Zentrum am Rathaus und dem gesamten Ort mehr Ruhe und Lebensqualität verschafft.

### Sehenswert

**St. Prokulus:** Am östlichen Ortsrand, Ostern–Mitte Okt. Di–So 9.30–12 und 14.30–17.30, Mitte Okt.–Nov. Di–So 9.30–12 und 14–17 Uhr.
Das Innere der kleinen, uralten Kirche (7. Jh.) birgt an der Südwand einzigartigen Freskenschmuck, der auf das 8. Jh. datiert wird und den Einfluss irischer Buchmalereien erkennen lässt. Am berühmtesten ist das Bild eines vermeintlich schaukelnden Mannes, das wahrscheinlich die Flucht des Veroneser Bischofs Prokulus über die Stadtmauer Veronas darstellt. Die meisten anderen Fresken der Kirche sind gotisch (um 1400).

### Sport & Freizeit

**Wandern:** Die Seilbahn zum Sonnenberg am westlichen Ortsrand von Naturns erschließt das Tourengebiet im Naturpark Texelgruppe.

**Erlebnisbad:** Feldweg 5, www.erlebnisbad.it, Juni–Anfang Sept. tgl. 10–19.30, Mitte Sept.–Mai (Hallenbad) Mo–Sa 14.30–22, So 10–20 Uhr.
Das Spaßbad (Hallen- und Freibad) mit der 75-m-Rutsche und der Saunalandschaft ist das größte in Südtirol.

**Tourismusverein:** Rathausstr. 1, 39025 Naturns, Tel. 04 73 66 60 77, Fax 04 73 66 63 69, www.naturns.it.

**Goldene Rose*:** Schlossweg 4, Tel. 04 73 66 71 78, ganzjährig geöffnet, DZ ab 28 €.
Der schlichte Gasthof, ein ehemaliger Edelsitz etwas abseits des Ortszentrums, besticht mit traditioneller Gastlichkeit ohne ›Schnickschnack‹; Hauptgericht im Restaurant: 10 €.

**Bahn:** Nach Meran und Mals. **Bus:** Linie durch den gesamten Vinschgau sowie ins Schnalstal.

## Neumarkt/Egna (F7)

Die römische Militär- und Straßenstation ›Endidae‹, von der sich der italienische Name herleitet, wurde schon bald von einem Hochwasser zerstört und im Jahr 1189 als ›Neuer Markt‹ wiedergegründet. Mit Privilegien ausgestattet, entwickelte sich der Marktflecken rasch zum wichtigen Handels- und Warenumschlagplatz am historischen Nord-Süd-Fernweg durch das Etschtal (heute 2650 Einwohner). Ebenfalls auf der Talsohle erstreckt sich die Schwestergemeinde Auer/Ora (4 km, 3200 Einwohner). Das verwinkelte Dorf hat sich zum Verkehrsknotenpunkt des Unterlandes entwickelt. Auf den Höhen liegen die Dörfer Montan, Truden, Altrei und Aldein-Radein, die selbstständige Gemeinden sind.

### Sehenswert

**Lauben:** Als einzige Ansiedlung in der Provinz, die nicht die Stadtrechte hat, besitzt Neumarkt im behutsam sanierten Ortskern Laubenhäuser (15.–17. Jh.). Beispiel für die einstige wirtschaftliche Bedeutung des Ortes ist das ›Ballhaus‹ am südlichen Ende der Andreas-Hofer-Straße, in dem früher Handelswaren lagerten, die zu ›Ballen‹ gewickelt waren.

**Klösterle und St. Florian Kirche:** An der Staatsstraße zwischen Neumarkt und Salurn (5 km).
Das schöne romanische Kirchlein wurde wahrscheinlich im frühen 12. Jh. errichtet. In der Nähe steht am Berghang die Halbruine des Klösterle, ein Hospiz für Pilger und Kreuzfahrer, das wahrscheinlich zur selben Zeit wie die Kirche erbaut und bereits 1317 wieder aufgelassen wurde, da das Pilgerwesen zur

### Auf Dürers Spuren

Im fernen Jahr 1494 reiste Albrecht Dürer über den Brenner nach Venedig. Da das Etschtal wegen riesiger Überschwemmungen nicht passierbar war, musste der deutsche Maler über die Höhen ausweichen. Aus Dürers Route ist heute ein markierter Wanderweg geworden, der vom Klösterle in St. Florian zu den Erdpyramiden bei Segonzano im Trentino führt. Mit 8,5 Std. Gehzeit ist die Tour als Tageswanderung zu lang, so dass sich eine Übernachtung im Rifugio Sauch oder Rifugio Lago Santo auf halber Strecke empfiehlt (www.duererweg.it).

Bettelei verkam. Zurzeit keine Innenbesichtigung, da ein Museum eingerichtet wird.

**Castelfeder:** Auf einem sonnenverbrannten felsigen Hügel bei Auer in Nähe der Straße in das Fleimstal (20 Min. zu Fuß ab der 3. Straßenkehre) befindet sich das Ruinenfeld von Castelfeder, der vielleicht rätselhafteste und seltsamste Platz in Südtirol. Vorgeschichtliche Siedlungsplätze, spätantike Befestigungen und vormittelalterliche Wallanlagen sowie der Rest einer romanischen Kapelle sind hier zu finden. Räter, Römer und Langobarden werden als Erbauer vermutet. An der anderen Seite der Fleimstalstraße steht die kleine Kirche St. Daniel am Kiechlberg (13./14. Jh.), die um 1450 im gotischen Stil umgebaut und mit Fresken aus der Danielslegende geschmückt wurde. Der prachtvolle Flügelaltar wurde 1525 geschaffen (Schlüssel zur Kirche im benachbarten Hof).

## Sport & Freizeit

**Wandern:** Zahlreiche Touren im Naturpark Trudener Horn (geführte Wanderungen Mitte Mai–Mitte Okt. Di oder Do 9.30 Uhr, Info bei den Tourismusbüros).

**Rad:** Auf der Trasse der 1963 eingestellten Fleimstalbahn verläuft ein Radweg in moderater Steigung von Montan hinauf zur Provinzgrenze bei San Lugano (12 km). Der völlig ebene Etschtalradweg führt über Salurn ins Trentino bzw. nordwärts nach Bozen. Di 9.30 Uhr geführte Tour durch das Unterland (Anmeldung bei den Tourismusbüros).

## Feste & Unterhaltung

**Unterlandler Weinkostwoche:** Ende Okt. werden über 100 Weine des Unterlandes im ›Haus der Vereine‹ in Auer verkostet; gleichzeitig 4-tägiges Weinseminar für Anfänger (Anmeldung beim Tourismusbüro Auer, Tel. 04 71 81 02 31).

**Tourismusverein:** Laubengasse 28, 39044 Neumarkt, Tel. 04 71 81 23 73, Fax 04 71 81 11 38, www.castelfeder.info. Info-Büros in Aldein, Altrei, Auer, Montan, Salurn, Truden.

**Grünwald*:** In Bucholz (16 km), Tel. 04 71 88 90 92, Fax 04 71 88 91 69, www.gruenwald.it, ganzjährig geöffnet, DZ 70 €.
Das kleine Hotel liegt direkt am ›Dürerweg‹ hoch über dem Etschtal.

**Andreas Hofer***:** Tel. 04 71 81 26 53, Fax 04 71 81 29 53, www.hotelandreashofer.com, ganzjährig, DZ 82 €.
Solides Hotel im Altstadtkern von Neumarkt.

**Johnson & Dipoli:** Tel. 04 71 82 03 23, ganzjährig, kein Ruhetag.
Winziges Edel-Restaurant (italienische Küche) der gleichnamigen Vinothek (Hauptgericht: ab 14 €) im Neumarkter Zentrum.

**Schmiederalm:** Hoch über Aldein (18 km, auch per Auto), Tel. 04 71 88 68 10, ganzjährig, Do Ruhetag.
Im Ausflugsgasthof mit weitem Blick über Unterland und Überetsch und hinüber zum Mendelkamm wird deftige Südtiroler Kost serviert (Hauptgericht ab 8 €), auch einfache Zimmer (HP pro Person ab 35 €).

**Bahn:** Regionalzüge nach Auer, Bozen, Brixen, Salurn, Trento, Verona.

**Bus:** Nach Salurn, Auer, Tramin, Maria

Weißenstein, Truden sowie Cavalese und Predazzo im Trentiner Val di Fiemme.

### Ziele in der Umgebung

**Salurn:** Das Dorf (11 km) kurz vor der Salurner Klause, der südlichen Provinzgrenze, fällt durch seine hohen, mehrstöckigen Ansitze und Patrizierhäuser auf, die vorwiegend im Renaissancestil errichtet sind. Über dem Dorf thront auf einem Felssporn die restaurierte Ruine der Haderburg (11. Jh.), die im 16. Jh. geistiges Zentrum der Wiedertäufer und Lutheraner war.

### Highlight 8

**Bletterbachschlucht:** Seit der Eiszeit vor etwa 15 000 Jahren hat sich der Bletterbach durch das Gestein und Erdreich unterhalb des Weißhorns gefräst und eine 8 km lange, bis zu 400 m tiefe Schlucht hinterlassen, die zu den wildesten in Europa zählt und die in die Liste des Weltnaturerbes aufgenommen werden soll. Im Gegensatz zu anderen Regionen blieben hier die geologischen Schichten unversehrt. Auch Saurierspuren und versteinerte Pflanzen blieben erhalten. Ein ausgeschilderter ›Geo-Weg‹ mit Erläuterungstafeln (je nach Strecke 3–6 Std.) führt als Rundweg durch den Canyon (Anfahrt bis Info-Stelle Lahneralm bei Aldein; Mi geführte Tour, Anmeldung im Tourismusbüro Aldein).

**Cavalese:** Wohlhabend und fast städtisch wirkt der Trentiner Marktort (24 km), der sich hoch über dem Tal des Avisio auf einer sonnigen Höhenterrasse erstreckt. Den Reichtum verdankt das Zentrum des Val di Fiemme, des Fleimstals, der Magnifica Comunità, der ›außergewöhnlichen Gemeinschaft‹ der Fleimstaler Gemeinden, die im Mittelalter den Fürstbischöfen in Trient eine unabhängige Verwaltung mit eigenen Gesetzen abtrotzte.

## Partschins/Parcines (D4)

Oberhalb der Schluchtenge von Töll, die das Meraner Becken vom Vinschgau trennt, liegt auf einer Anhöhe das schöne Dorf (3100 Einwohner), dessen Kern mit spätgotischer Pfarrkirche und einigen Ansitzen sehr harmonisch wirkt. Die meisten Hotels befinden sich aber unten auf dem Talboden des Vinschgaus im Ortsteil Rabland.

### Sehenswert

**Schreibmaschinenmuseum:** Am Kirchplatz, www.schreibmaschinen museum.com, April–Okt. Di–Do 10–12 und 15–18, Mo, Fr 15–18, Sa 10–12, Nov.–März nur Di 10–12 Uhr. Dem berühmtesten Einwohner des Dorfes, dem Tüftler Peter Mitterhofer, der als einer der Erfinder der mechanischen Schreibgeräte gilt, ist die imposante Sammlung von 1200 Schreibmaschinen aus aller Welt gewidmet.

### Sport & Freizeit

**Wandern:** Als Nahziel (2 Std.) bietet sich der Partschinser Wasserfall an, der mit 97 m der höchste in Südtirol ist; weitere Touren im Naturpark Texelgruppe.

**Tourismusverein:** 39020 Partschins, Tel. 04 73 96 71 57, Fax 04 73 96 77 98, www.partschins.com.

**Sonne***:** Tel. 04 73 96 71 08, Fax 04 73 96 82 80,

www.sonne.st, Anfang Nov.–Mitte März geschl., DZ 77 € (71 €).
Am beschaulichen Partschinser Dorfplatz unterhalb der Kirche liegt der nette Gasthof.
**Hanswirt****:** Tel. 04 73 96 71 48, Fax 04 73 96 81 03, www.hanswirt.com, Mitte Jan.–Mitte März geschl., DZ ab 126 € (120 €).
Der wehrhafte Gasthof in Rabland an der alten Römerstraße wird seit 470 Jahren von der Inhaberfamilie geführt und ist heute ein gediegenes Hotel. Das Restaurant (Mi Ruhetag) offeriert regionale, italienische und internationale Küche (Hauptgericht: 12–25 €).

**Onkel Taa:** Tel. 04 73 96 73 42, Mitte Jan.–Mitte März geschl., Mo Ruhetag.
Das Gasthaus in Töll ist eher ein Museum als ein Restaurant, was mit der Sammelleidenschaft und der Liebe des Besitzers zu den Habsburgern zusammenhängt (Hauptgericht: ab 15 €).

**Bus:** Nach Meran.

## Passeier Tal/Val Passiria (E2–4)

Das Passeier, wie die einheimischen ›Pseirer‹ kurz und bündig ihr Tal nennen, ist ein eigener Mikrokosmos und hat wenig mit dem übrigen Burggrafenamt gemein. Auf einer Länge von nur knapp 50 km durchläuft das Tal nahezu alle Vegetationsstufen – von den Weinreben des Meraner Beckens bis zu den Alpenrosen unter den Gletschern. Wegen seiner Nord-Süd-Lage wurde das Tal (heute knapp 10 000 Einwohner) seit alters her als Fernhandelsweg benutzt. Heute ist der Tourismus in den vier Gemeinden des Tales – Riffian, St. Martin, St. Leonhard und Moos – eine wichtige Erwerbsquelle.

### Sehenswert

**Museum Passeier – Andreas Hofer:** Kurz vor St. Leonhard, www.museum.passeier.it, März–Nov. Di–So 10–18 Uhr.
Am Sandhof, dem Geburtshaus Andreas Hofers, wird neben einer volkskundlichen Sammlung eine sehenswerte Präsentation gezeigt, die sich ganz bewusst allzu leichter Antworten über Hofers Rolle im ›Freiheitskampf der Tiroler‹ verweigert (siehe auch Extra-Tour 4). Auf dem Freigelände sind originale Passeirer Berghofgebäude wieder aufgebaut worden, die einen Eindruck vom realen Leben vergangener Zeiten vermitteln. Außenstellen des Museums sind der Franzosenfriedhof bei St. Leonhard, die Jaufenburg auf einem Hügel über dem Dorf (Mai–Okt. Di 10–12, Do und So 16–18 Uhr) und das Alm-Museum in Pfistrad (1,5 Std. zu Fuß südöstlich von St. Leonhard, im Sommer bewirtschaftet).
**Erlebnisbergwerk Schneeberg:** Das bergbaukundliche Freilichtmuseum (s. S. 91) ist auch von der Timmelsjochstraße im Hinterpasseier in etwa 2–2,5 Std. zu Fuß erreichbar (www.schneeberg.org).

### Sport & Freizeit

**Wandern:** Die Hirzer-Seilbahn (www.hirzer.info) in Saltaus erschließt das Wanderrevier an der östlichen Talseite (Extra-Tour 4, S. 114); auf der westlichen Talseite verläuft im Naturpark Texelgruppe der Meraner Höhenweg (s. S. 50).
**Rad:** Von Meran nach St. Leonhard führt ohne nennenswerte Steigungen der ›Pseirer Radweg‹ (17 km).

**Golf:** 18-Loch-Anlage im Golfclub Passeier/Meran bei St. Martin (www.golfclubpasseier.com) und 3-Loch-Anlage im Hotelkomplex Quellenhof (www.quellenhof.it), beide mit Golfschule.
**Gleitschirm:** Tandem-Mitflüge am Hirzer, Hochmut, Schennaberg, Kontakt und Info Tel. 33 97 63 17 15, www.tandemclub-ifinger.info.

## Feste & Unterhaltung

**Gompm-Alm-Festival:** Jeden Sommer findet an der Almhütte (30 Min. zu Fuß von der Bergstation der Hirzer-Seilbahn) ein mittlerweile legendäres Fest der einheimischen Musikszene jenseits jeglicher Folkloreromantik mit rund 1200 Besuchern statt (www.gompmalm.it; Vorverkauf u. a. in allen Athesia-Buchhandlungen).

**Tourismusverein:** 39015 St. Leonhard in Passeier, Tel. 04 73 65 61 88, Fax 04 73 65 66 24, www.passeiertal.org; Info-Büros auch in Riffian, St. Martin und Moos.

**Jägerhof***:** In Walten, Tel. 04 73 65 62 50, Fax 04 73 65 68 22, www.jagerhof.net., Nov. geschlossen, DZ ab 60 € (ab 50 €).
Der Familienbetrieb im Dörfchen Walten vor dem Jaufenpass hat sich auf Wanderurlaub spezialisiert; auch Restaurant mit bodenständiger Küche.
**Saltauserhof****:** In Saltaus, Tel. 04 73 064 54 03, Fax 04 73 64 55 15, www.saltauserhof.com, März–Nov. geöffnet, DZ 130 € (70 €).
Komfortables Hotel im historischen Schildhof.

**Bus:** Von Meran durch das gesamte Tal bis nach Moos/Platt sowie ins Pfelderer Tal und zum Jaufenpass.

# Prags/Braies (KL4)

Mitten hinein in die Dolomiten führt das Pragser Tal. Kurz vor Schmieden, dem Hauptdorf (630 Einwohner), gabelt es sich. Nach Südwesten verläuft das Innerpragser Tal, an dessen Ende unter steilen Felswänden der Pragser Wildsee liegt. Mit dem Karersee konkurriert er darum, der schönste Bergsee der Bleichen Berge zu sein. Und Schönheit hat ihren Preis. Erst wenn die unzähligen Tagesausflügler wieder verschwunden sind, entfalten sich der Charme und der Zauber des Sees. Der andere Talzweig, das Altpragser Tal, führt nach dem Talschluss hinauf zur Plätzwiese, einem im Frühsommer mit Blumen übersäten Bergsattel auf rund 2000 m Höhe.

## Sport & Freizeit

**Wandern:** Die Plätzwiese ist idealer Ausgangspunkt für Spaziergänge über die Hochfläche bis zur Dürrensteinhütte (40 Min.), wo die Ruine eines österreichischen Sperrforts aus dem Ersten Weltkrieg steht, und für Bergtouren auf den Strudelkopf (1,5 Std., leicht) und den Dürrenstein (2,5 Std., anspruchsvoll). Der Pragser Wildsee ist Startpunkt des anspruchsvollen ›Dolomiten-Höhenweges Nr. 1‹, der in etwa 12 Tagesetappen in das Voralpenstädtchen Belluno führt.

## Einkaufen

**Lechnerhof:** Gleich zu Beginn des Pragser Tales zweigt hinter dem Bauhof rechts das Sträßchen zum Hof von Bauer Patzleiner ab, der Rohmilchkäse aus Ziegen- und Kuhmilch herstellt und verkauft, die in Feinschmeckerkreisen außerordentlich geschätzt sind (tgl. außer So geöffnet).

**Tourismusverein:** In 39030 Säge (an der Straßengabelung), Tel. 04 74 74 86 60, Fax 04 74 74 92 42, www.pragsertal.info.

**Hohe Gaisl***:** Tel. 04 74 74 86 06, Fax 04 74 55 16 01, www.hohegaisl.com, Anfang Juni–Mitte Okt. und Anfang Dez.–Ostern geöffnet, HP pro Person 68 € (43 €). Das Hotel liegt traumhaft auf der Plätzwiese; Gäste erhalten eine Sondergenehmigung und können bis zur Haustür vorfahren.

**Bus**: Nach Toblach sowie im Tal bis zum Pragser Wildsee und zur Plätzwiese. Mitte Juli–Mitte Sept. besteht eine Verkehrsbeschränkung ab Gasthof Brückele auf der schmalen Bergstraße zur Plätzwiese: Bis 10 Uhr dürfen maximal 100 Privatautos hinauf- und ab 16 Uhr wieder hinunterfahren. In der Zwischenzeit verkehrt ausschließlich ein Pendelbus ab Brückele hinauf.

## Klöckeln

Im Sarntal hat sich ein uralter Brauch erhalten, der noch aus ›heidnischer‹ Zeiten stammt. An den ersten drei Donnerstagen im Advent, in den ›Klöckelnächten‹, ziehen vermummte Burschen in wilden Gewändern, mit Lärm und Getöse von Hof zu Hof und singen das Klöckellied, das von Generation zu Generation überliefert wird. Als Dank erhalten sie von den Bauersleuten Würste und Speck, heute zumeist klingende Münzen. Abends ab 19 Uhr lässt sich das Treiben in Sarnthein und in den Weilern des Tales beobachten.

# Sarntal/Val Sarentino (F3–5)

Über Jahrhunderte war das Tal eine in sich geschlossene Gemeinschaft. Von Norden her nur über steile Passwege erreichbar und nach Süden durch die fast unzugängliche Sarner Schlucht abgeriegelt, konnte erst um 1900 eine befahrbare Verbindung nach Bozen geschaffen werden. Bis heute haben sich die Sarner eine gewisse Eigenständigkeit gegenüber dem Rest der Provinz bewahrt. Im Tal wird eine eigene Mundart gesprochen, nirgendwo sonst sieht man auch im Alltag so viele Trachten, und hier gibt es noch Handwerke wie die Federkielstickerei, Korbmacherei und Pfeifenschnitzerei, die anderswo längst ausgestorben sind. Hauptort des Tales (6600 Einwohner) ist Sarnthein.

## Sport & Freizeit

**Wandern:** Zahlreiche Tourenmöglichkeiten in den umliegenden Sarntaler Alpen, z. B. Tageswanderung (5,5 Std.) von Reinswald (Kabinenumlaufbahn) über die Heiligkreuz-Hütte zum Durnholzer See oder die ›Hufeisen-Tour‹ als 7-tägige Bergwanderung von Hütte zu Hütte.

**Reiten:** Ausritte und Schnupperreiten auf Haflinger-Pferden auch für Tagesgäste bietet der Auener Hof an (siehe unten).

## Einkaufen

**Federkielstickerei:** Rohrerstr. 41, www.federkielstickerei.com. In der Werkstatt der Familie Thaler werden Geldtaschen, Hosenträger, Gürtel usw. nach individuellen Wünschen gefertigt.

**Tourismusverein:** 39058 Sarnthein, Tel. 04 71 62 30 91,

**Jausenstation im oberen Sarntal**

Fax 04 71 62 23 50, www.sarntal.com.

**Auener Hof*** :** 7,5 km oberhalb von Sarnthein, Tel. und Fax 04 71 62 30 55, www.auenerhof.it, DZ 70 € (64 €).
Berghotel auf 1600 m inmitten des Wandergebiets des Salten; Restaurant (Mo Ruhetag) mit regionaler und italienischer Küche (Hauptgericht: 14 €).

**Bad Schörgau:** Im Weiler Bad Schörgau, Tel. 04 71 62 30 48, www.bad-schoergau.com, Mo und Di Mittag geschl.
Im Feinschmeckerrestaurant werden neben regionalen Speisen auch Fischspezialitäten angeboten (Hauptgerichte: 14–22 €); auch ****-Hotel mit kleiner Wellnessabteilung in der Tradition des früheren ›Bauernbadls‹.
**Pfarrgasthof:** In Durnholz, Tel. 04 71 62 51 42, Do Ruhetag.
Im Dorfgasthaus wird gute, einfache Bauernkost aufgetischt (Hauptgericht: ab 9 €).

**Bus:** Nach Bozen durch das Sarntal bis/ab Asten bzw. Durnholz.

## Schenna/Scena (E4)

Noch vor wenigen Jahrzehnten träumte das Dorf oberhalb des Meraner Talkessels still vor sich hin. Heute besitzt Schenna (2500 Einwohner) rund 170 Gastbetriebe und ist mit über 750 000

Nächtigungen im Jahr der mit Abstand beliebteste Ferienort in Südtirol.

### Sehenswert

**Schloss Schenna**: www.schloss-schenna.com, nur Führungen Ende März–Anfang Nov. Mo–Sa 10.30, 11.30, 14 und 15 Uhr.
Petermann von Schenna, einer der Burggrafen von Tirol, ließ die Burg um 1350 erbauen. Nach ständig wechselnden Besitzverhältnissen mit zahlreichen Umbauten erwarb Mitte des 19. Jh. Erzherzog Johann von Österreich die Anlage. Seinen Nachfahren, den Grafen von Meran, gehört das Schloss mit den schönen Barock- und Renaissanceräumen noch heute.

### Sport & Freizeit

**Wandern:** Die Taser-Seilbahn schwebt hinauf in das Wandergebiet unterhalb der Bergkette zwischen Hirzer und Ifinger.

### Feste & Unterhaltung

**Südtirolclassic:** Anfang Juli ist Schenna Veranstaltungsort der großen Oldtimer-Rallye (www.suedtirolclassic.com).

**Tourismusverein:** 39017 Schenna, Tel. 04 73 94 56 69, Fax 04 73 94 55 81, www.schenna.com.

**Taser**:** Tel. 04 73 94 56 15, Fax 04 73 94 54 88, www.familienalm.com, Ostern–Anfang Nov. geöffnet, HP pro Person 51 € (41,50 €).
Abseits des Trubels auf 1450 m Höhe liegt der schöne Berggasthof, der sich auf Familienferien spezialisiert hat; großer Hochseilgarten.
**Schlosswirt***:** Tel. 04 73 94 56 20, Fax 04 73 94 55 38, www.schlosswirt.it, Anfang Jan.–Mitte März geschl., DZ ab 101 € (70 €).
Traditionsreiches Haus unterhalb des Schlosses mit aussichtsreicher (Speise-)Terrasse.

**Bus:** Linienbus nach Meran. Kostenloser Gästebus (Mitte März–Mitte Nov.) zur Taser- und Ifinger Seilbahnstation sowie zum Schloss Trauttmansdorff.

## Schlanders/Silandro (C5)

Mit knapp 5900 Einwohnern ist die Marktgemeinde der größte und wichtigste Ort des Tales, gleichsam die Kapitale des Vinschgaus. Schlanders ist Sitz der Talgemeinschaft und des Bezirksgerichtes. Hier befinden sich viele Verwaltungsämter, das Bezirkskrankenhaus sowie eine Garnison. Im Ortszentrum wurde die enge Hauptstraße mit ihren vielen Läden, Gasthöfen und Bars nach langem Hin und Her zur Fußgängerzone erklärt und lädt nun zum beschaulichen Bummeln und Einkaufen ein.

### Sehenswert

**Kirchen:** Der kunsthistorisch bedeutsamste Bau des Ortes ist die kleine Spitalskirche am östlichen Zentrumsrand, die im Innern Fresken aus dem 13. und 16. Jh. birgt (Schlüssel bei der Sanitätseinheit West im Krankenhaus nahebei). Etwas oberhalb der Hauptstraße steht die spätgotische Pfarrkirche Maria Himmelfahrt (16. Jh.) mit dem höchsten Kirchturm Südtirols (92 m). Das Kircheninnere ist in leuchtend-bombastischen Farben barockisiert worden. Ein schöner Wanderweg führt vom nordwestlichen Ortsrand entlang des Ils-

Waales durch Obstterrassen zur St. Ägidius-Kirche, die sich an die Felsen des Sonnenbergs oberhalb des Dorfes Kortsch schmiegt. Das Kirchlein ist mit romanischen und gotischen Fresken geschmückt.

## Sport & Freizeit

**Wandern:** Zahlreiche Wandermöglichkeiten entlang der Waalwege (Extra-Tour 5, S. 116) und Hochtouren im Martelltal.

**Rad:** Der projektierte Fernradweg entlang der Etsch ist von Göflan bei Schlanders bis zum Dorf Reschen kurz vor der österreichischen Grenze nahezu fertig gestellt.

**Tourismusverein:** Göflanerstr. 27, 39028 Schlanders, Tel. 04 73 73 70 50, Fax 04 73 62 16 15, www.schlanders.suedtirol.com.

**Goldene Rose***:** Tel. 04 73 73 02 18, Fax 04 73 62 00 40, www.hotel-goldenerose.it, ganzjährig geöffnet, DZ 62 € (58 €).
Großer, alteingesessener Gasthof in der Fußgängerzone.

**Alte Post:** Tel. 04 73 73 06 68, Di Ruhetag.
Traditionsreiches Gasthaus in der Fußgängerzone von Schlanders; kleine Speisen, Eis und leckere Kuchen.

**Kuppelrain:** In Kastelbell (11 km), 04 73 62 41 03, Juni und Anfang Juli geschl., So und Mo Mittag geschl.
Mehrfach in Gourmetführern ausgezeichnet, zählt das Restaurant gegenüber dem Schloss zu den besten Adressen in Südtirol (Hauptgericht: 20 €).

**Bahn:** Nach Meran und Mals.
**Bus:** Linie durch den gesamten Vinschgau und in das Martelltal.

## Ziele in der Umgebung

**Schloss Kastelbell:** In Kastelbell (11 km), www.schloss-kastelbell.com, nur Führungen Mitte Juni–Sept. Mi–Sa um 14, 15 und 16, So zusätzlich um 10.30 Uhr.
Das Schloss auf dem Felsen direkt über dem gleichnamigen Dorf wurde im 13. Jh. erbaut und kam im 16. Jh. in den Besitz der Grafenfamilie Hendl, die es vollständig umbauen und vergrößern ließ. Bis zu ihrem Tod vor wenigen Jahren hatte die letzte Nachfahrin des Geschlechts im Schloss ein Wohnrecht. Die Anlage wird auch für wechselnde Kunstausstellungen genutzt.

**Spitalkirche zum Heiligen Geist:** In Latsch (8 km), ganzjährig, Mittagspause 11–13 Uhr, Schlüssel im benachbarten Altersheim.
Die größte Sehenswürdigkeit der reichen Marktgemeinde Latsch ist der spätgotische, fast vollständig erhaltene Flügelaltar des schwäbischen Meisters Jörg Lederer (16. Jh.) in der kleinen Kirche am östlichen Zentrumsrand.

**Burg Montani:** Oberhalb des Dorfes Montani (6,5 km), Führungen tgl. um 11 und 15 Uhr nach tel. Anmeldung bei Familie Peer (Tel. 04 73 74 23 44).
Am Eingang zum Martelltal steht die Burgruine (Wanderweg Richtung vom Dorfzentrum und Autozufahrt von der Straße ins Martelltal), die im 19. Jh. völlig ausgeplündert wurde. Einzig die Kapelle St. Stephan blieb unzerstört. Das Innere ist fast vollständig mit gotischen Fresken aus dem 15. Jh. geschmückt. Die Bilder an der Nord- und Ostwand wurden wahrscheinlich von einem lombardischen Wandermaler geschaffen, während die Fresken an der Süd- und Ostwand von schwäbischen Künstlern stammen.

**Martelltal:** Das schmale schöne Bergtal, das vom Vinschgau bis an die Glet-

**Schloss Juval thront über dem Schnalstal**

scher des Cevedale reicht und Teil des Stilfser-Joch-Nationalparks ist, hat sich seine Ursprünglichkeit weitgehend bewahrt (16 km bis Dorf Martell). Die rund 850 Bewohner leben in kleinen verstreuten Siedlungen beiderseits des Wildbaches Plima, der im Laufe der Jahrhunderte immer wieder über die Ufer trat und das Tal verwüstete. Die letzte große Katastrophe geschah 1987, als am Zufrittstausee fahrlässigerweise die Schleusen geöffnet wurden und die Flutwelle zahlreiche Häuser zerstörte.

**Laas:** Seit dem 15. Jh. wird hoch oberhalb des Dorfes (6,5 km) der in aller Welt bekannte reinweiße Laaser Marmor gebrochen. Auf dem ›Bremsweg‹, wie die museumsreife, 50 Jahre alte Schrägbahn genannt wird, wird das Rohmaterial von über 2000 m Höhe zu Tal transportiert. Das Marmorwerk kann im Rahmen einer Führung besichtigt werden (Juli–Sept. Di und Do 13.30 Uhr, Juni und Okt. nur Sa 13.30 Uhr; Anmeldung bei den Tourismusbüros Laas, Tel. 04 73 73 70 50, und Schlanders, s. S. 85).

## Schnalstal/Val Senales (C3, C4, D4)

Im 25 km langen Seitental des Vinschgaus (1450 Einwohner), das kurz hinter Naturns nach Nordwesten abzweigt und bis in die Gletscherregionen der Ötztaler Alpen führt, kontrastiert die futuristische Architektur eines Ganzjahres-Skigebietes im Talschluss mit einer jahrhundertealten Bergbauernkultur auf einsamen Höfen und in beschaulichen Dörfern. Weltweit bekannt wurde das Schnalstal durch ›Ötzi‹, den rund 6000 Jahre alten Steinzeitmenschen, der am Hauslabjoch gefunden wurde.

## Highlight 9

**Schloss Juval:** Zugang nur zu Fuß (1 Std.) oder per Shuttlebus, www.reinhold-messner.de, nur Führungen: Mitte April–Ende Juni und Sept.–Anfang Nov., tgl. jede Stunde 10–16 Uhr, Mi geschl.
Hoch über dem Eingang des Schnalstals thront die 1278 erbaute Burg, die der Bergsteiger Reinhold Messner 1983 gekauft hat und vorbildlich hat restaurieren lassen. Zu bestaunen sind in den Burgräumen Fresken, die einem Sohn Tilman Riemenschneiders zugeschrieben werden, Skulpturen aus Indien und Tibet, eine Tibetika- und Maskensammlung, die der Abenteurer in aller Welt zusammengetragen hat, sowie Ausrüstungsgegenstände seiner Expeditionen. Zum Schlossensemble gehören auch der Bio-Bergbauernhof Oberortl, der Buschenschank ›Schlosswirt‹ und das Weingut Unterortl, die alle unterhalb der Burg liegen.

### Sehenswert

**Karthaus:** Das schöne Dorf geht auf das Kartäuserkloster Allerengelberg (14. Jh.) zurück. Trotz des Brandes von 1924, der das Dorf stark zerstörte, lassen sich im denkmalgeschützten Ort viele Reste der früheren Klosteranlage finden. Der Kreuzgang ist in den Sommermonaten Ausstellungsort für lokale Künstler (kostenlose Führungen: Ende Juni–Anfang Sept. So 15 Uhr).
**ArcheoParc:** Beim Dorf Unser Frau in Schnals, www.archeoparc.it, April–Anfang Nov. Di–So 10–18, Mitte Juli–Aug. auch Mo, Ende Dez.–Anfang Jan. Di–So 13–18 Uhr, Jan.–März nur Mi, Do und So.
Am Rande des Hauptdorfes des Schnalstales wurden das ›Aktivmuseum‹ und das große Freigelände errichtet, um die steinzeitliche Lebenswelt von ›Ötzi‹ mit Kursen wie Bogenschießen, Werkzeugbau und Brotbacken nachempfinden zu können.

### Sport & Freizeit

**Wandern:** Jeden Mi (Mitte Juni–Mitte Sept.) geführte hochalpine Tour zu Ötzis Fundstelle (6–7 Std.; Anmeldung und Info beim Tourismusverein); das Dorf Katharinaberg ist guter Einstiegsort für den ›Meraner Höhenweg‹ (s. S. 85).
**Ski:** Die Hotelsiedlung Kurzras ist der Talort eines der beiden Sommerskigebiete in Südtirol (www.schnalstal.com).

**Tourismusverein:** 39020 Schnalstal (in Karthaus), Tel. 04 73 67 91 48, Fax 04 73 67 91 77, www.oetzisworld.it.

**Zur Goldenen Rose***:** In Karthaus, Tel. 04 73 67 91 30, Fax 04 73 67 91 15, www.goldenerose.it, ganzjährig geöffnet, HP pro Person 55 € (45 €).

### Gletscherschafe

Seit Jahrhunderten haben die Schnalser verbriefte Weiderechte am Ötztaler Rofanberg jenseits der Grenze. Jedes Frühjahr im Juni werden von Vernagt aus Tausende von Schafen über das mit 3019 m gar nicht so niedrige Niederjoch zu den Sommerweiden nach Österreich getrieben. Oft liegt noch Schnee am Pass. Die Rückkehr der Tiere Mitte September ist in Vernagt ein Bauernfeiertag mit Speis und Trank. Die genauen Termine sind beim Tourismusverein zu erfahren.

Das Hotel mitten im Dorf ist eine gelungene Mischung aus Alt und Neu; im Restaurant werden Speisen aus Schnalstaler Produkten und gute Weine serviert.

**Schlosswirt:** Tel. 04 73 66 82 38, April–Juni und Aug.–Mitte Nov. geöffnet, Di Abend und Mi geschl.; ab 17.30 Uhr freie Zufahrt mit dem Auto.
Der Buschenschank unterhalb von Schloss Juval bietet Südtiroler Spezialitäten (Hauptgericht: 12 €).

**Bus:** Linienverkehr nach Meran und durch das gesamte Schnalstal; Zubringerbus zum Schloss Juval ab Hotel Schnalser Hof am Eingang des Schnalstales.

# Seiser Alm/Alpe di Siusi (H5)

Siehe Kastelruth (S. 63)

# Sexten/Sesto (M4)

Als letztes der Pusterer Seitentäler vor der österreichischen Grenze führt das Sextental mitten in das Herz der Bleichen Berge – zu den Drei Zinnen im Naturpark Sextener Dolomiten (Extra-Tour 1, S. 108). Ein abgeschiedenes Tal ist Sexten schon lange nicht mehr. Der Aufschwung als Ort der Sommerfrische ist eng mit der Bergführerfamilie Innerkofler verbunden, die vor 1900 als Erste Touristen auf die Dolomiten-Gipfel brachten. Im Ersten Weltkrieg wurde der Hauptort Sexten fast vollständig zerstört. Der Tourismus- und Bauboom der 60er und 70er-Jahre des 20. Jahrhunderts aber katapultierte das Dorf (1900 Einwohner) und das beschaulichere Moos hinauf in die Spitzengruppe der Südtiroler Ferienorte.

## Sehenswert

**Friedhofskapelle:** Den eindrucksvollen, von den Schrecken des Krieges geprägten Freskenzyklus ›Totentanz‹ schuf Rudolf Stolz, einer der bekanntesten Tiroler Maler des 20. Jh.
**Rudolf-Stolz-Museum:** Mitte Juni–Sept. und Weihnachten–Ostern Mi, Fr 16.30–18.30, So 10–12, Mitte Juli–Ende Aug. zusätzlich Di, Do 16.30–18.30 Uhr.
Das kleine Museum im Dorfzentrum zeigt in zwei Räumen rund 160 Werke des Malers.

## Sport & Freizeit

**Wandern:** Höhepunkt der unzähligen Touren im Naturpark Sextener Dolomiten ist die Wanderung vom Dolomitenhof im Fischleintal (Bus) hinauf zur Drei-Zinnen-Hütte (3 Std.).
**Indoor-Kletterhalle:** Im Ortsteil Waldheim, www.dolomitarena.it, ganzjährig, im Jan., Feb., Juli und Aug. tgl. 11–23 Uhr, sonst Mo Ruhetag.
Wer nicht gleich in die steilen Wände der Dolomiten will, übt an der mit 16,5 m höchsten Hallen-Kletterwand in Italien; Zuschauer haben Logenplätze in der Bar; auch Freibad, Minigolf und im Winter Eislaufplatz.

## Einkaufen

**Käsereigenossenschaft:** Schießstandweg 6. Im kleinen Laden am Rand des Sextener Dorfzentrums jenseits des Baches werden ausgezeichnete Ziegen- und Bergkäse sowie wohlschmeckende Milch verkauft.

**Tourismusverein:** 39030 Sexten, an der Talstation der Helm-

Seilbahn, Tel. 04 74 71 03 10, Fax 04 74 71 03 18, www.sexten.it.

**Strobl***:** In Sexten, Tel. 04 74 71 03 71, Fax 04 74 71 00 57, www.hotel-strobl.com, Mitte Juni–Anfang Okt. und Anfang Dez.–März geöffnet, DZ 146 € (100 €).
Das angenehme Hotel steht abseits der Hauptstraße etwas oberhalb des Dorfzentrums.
**Drei Zinnen****:** In Moos (2,5 km), Tel. 04 74 71 35 00, Fax 04 74 71 00 92, www.hotel-drei-zinnen.com, Mitte Juni–Sept. und Mitte Dez.–März geöffnet, DZ 186 € (100 €).
Das außen und innen stilgerecht restaurierte Haus ist ein Juwel der Hotelarchitektur der 1930er Jahre.
**Kreuzbergpass****:** Am gleichnamigen Pass (8 km), Tel. 04 74 71 03 28, Fax 04 74 71 03 83, www.kreuz bergpass.com, Ende Mai–Mitte Okt. und Anfang Dez.–Ostern geöffnet, DZ 196 € (100 €).
Direkt an der Grenze zum Belluno steht das große Hotel, eine geschmackvolle Mischung aus Alt und Neu; im Restaurant Zwergenstube werden verfeinerte lokale Speisen serviert.

**Talschlusshütte:** Im Fischleintal, 30 Min. zu Fuß oder Kutsche ab Dolomitenhof, Tel. 04 74 71 06 06, Juni–Okt. und Weihnachten–Ostern geöffnet, in der Nebensaison Do Ruhetag.
Idealer Zwischenstopp auf Wandertouren im Naturpark; deftige Südtiroler Küche (Gulasch mit Knödeln 10,50 €); unter dem Dach ein paar Betten.
**Grüne Laterne:** Tel. 04 74 71 01 40, Mitte Juni–Mitte Okt. und Mitte Dez.–Ostern geöffnet, in der Nebensaison Mi Ruhetag.
Das abseits im ruhigen Ortsteil Waldheim gelegene Restaurant (Hauptgericht ab 10 €) verkauft in der Rosticceria auch warme und kalte Speisen zum Mitnehmen.

**Bus:** Nach Innichen, Winnebach und im Tal nach Moos, zum Dolomitenhof und zum Kreuzbergpass.
**Kutsche:** Ende Juni–Sept. zwischen Dolomitenhof und Talschlusshütte.

### Ziele in der Umgebung

**Comelico:** Gleich hinter dem Kreuzbergpass beginnt diese Belluneser Bergregion. Die benachbarten Dörfer Dosoledo und Pádola (19 km) sind in ihrer Normalität zwar völlig unspektakulär, strahlen aber ein anderes, beschaulicheres Lebensgefühl als die Südtiroler Dörfer aus.

## Sterzing/Vipiteno (F2)

Die nördlichste Stadt Südtirols ist winzig (5600 Einwohner). Hier an der historischen Via Claudia Augusta, der wichtigen Fernhandels- und Kriegsstraße über die Alpen, hatten die Römer ihr Kastell *Vipitenum* gebaut, aus dem sich im 12. Jh. das Handelsstädtchen entwickelte. Der Silber- und Bleiabbau in den angrenzenden Tälern ließ Sterzing im Mittelalter zu einer der reichsten Städte in Tirol werden. An kaum einer anderen Stelle in Südtirol gibt es so viele Gasthäuser, wollten doch schon die Fuhrleute der vergangenen Zeiten gerne einkehren.

### Sehenswert

**Altstadt:** Im Prinzip besteht der Stadtkern aus einer einzigen Straße, auf der einst der gesamte Verkehr durch das Städtchen rollte (heute Fußgängerzone). Wahrzeichen der Stadt ist der Zwölferturm mit dem auffälligen Treppengiebel am zentralen Stadtplatz. Die benachbarte Spitalkirche (8.30–12 und 14.30–18 Uhr, Sa Nachmittag und So geschl.) ist über und über mit gotischen Fresken des Meisters Hans von Bruneck ausgemalt (frühes 15. Jh.). Südwärts schließt sich die ›Neustadt‹ an, die allerdings auch schon über 500 Jahre alt ist. In einem Innenhof des stattlichen Rathauses (Ende 15. Jh.) stehen ein römischer Meilenstein und eine Kopie des römischen Mithras-Altars, der im Dorf Mauls gefunden wurde (Mo–Fr 8–18 Uhr).

**Multscher-Museum:** Deutschhausstr. 1, Ostern–Okt. Di–Sa 10–12 und 14–17 Uhr.
Im wuchtigen Deutschhaus, als Pilgerhospiz und Spital im 13. Jh. gegründet, dann Sitz des Deutschen Ritterordens, sind die immer noch eindrucksvollen Überreste des wohl bedeutendsten Tiroler Altars zu bewundern. Der Ulmer Künstler Hans Multscher schuf 1495 dieses spätgotische Meisterwerk, das die zeitgenössischen einheimischen Meister wie Michael Pacher über die Maßen beeinflusste.

## Sport & Freizeit

**Wandern:** Stadtnahes Wanderrevier ist der Rosskopf, auf den vom nördlichen Stadtrand eine Umlaufbahn hinaufführt.
**Radfahren:** Sterzing liegt am Eisacktal-Radweg, der zwar noch nicht vollständig fertig gestellt ist, aber bis Franzensfeste bereits gut befahrbar ist.
**Rafting:** Begleitete Touren auf dem Ei-

**Die Altstadt von Sterzing mit dem Zwölferturm**

sack für Anfänger und Könner bietet Rafting Sterzing an (Pfarrangerstr. 1, Tel. 04 72 76 56 60, www.raftingster zing.it).

### Ausgehen

Sterzings ›Bermuda-Dreieck‹ liegt am nördlichen Stadtrand und besteht aus den Pubs Kronenkeller, Melody und Kapelle.

**Tourismusverein:** Stadtplatz 3, 39049 Sterzing, Tel. 04 72 76 53 25, Fax 04 72 76 54 41, www.infosterzing.it.

**Schwarzer Adler****:** Stadtplatz 1, Tel. 04 72 76 40 64, Fax 04 72 76 65 22, www.schwarzeradler.it, ganzjährig, DZ 120 € (110 €).
Das beste Haus der Stadt. Im Restaurant (Di Ruhetag) wird verfeinerte Südtiroler Küche serviert (Hauptgericht ab 18 €).

**Kleine Flamme:** Neustadt 31, Tel. und Fax 04 72 76 60 65, So und Mo Ruhetag.
Überraschende Kombination von italienischer und thailändischer Küche (Hauptgericht: ab 19,50 €).

**Bahnhof:** internationale Züge sowie Regionalzüge nach Brenner, Brixen, Bozen, Trento, Verona.
**Bus:** Zentraler Busplatz am nördlichen Parkplatz; Linienbusse durch das Eisacktal sowie in die Sterzinger Seitentäler.

### Ziele in der Umgebung

**Burg Reifenstein:** Südlich der Stadt (4 km), Führungen Ostern bis Anfang Nov. 9.30, 10.30, 14 und 15 Uhr tgl. außer Fr.
Auf einem felsigen Plateau über dem einst versumpften flachen Sterzinger Moos erhebt sich die mächtige Anlage aus dem 12. Jh. Das düstere Burgverlies und die kärglichen Landsknechtkammern kontrastieren schroff mit den prachtvollen herrschaftlichen Räumen. Die kleine weiße Zeno-Kapelle in der Nähe ist wahrscheinlich noch älter als die Burg. Auf der gegenüberliegenden Talseite steht Burg Sprechenstein, die nicht besichtigt werden kann.
**Schloss Wolfsthurn:** In Mareit (7,5 km), www.provinz.bz.it/volkskunde museen, April–Mitte Nov. Di–Sa 9.30–17.30, So 13–17 Uhr.
Das größte Dorf des Ridnauntales wird vom repräsentativen rosafarbenen Barockschloss beherrscht (1730 auf mittelalterlichen Grundmauern errichtet), in dem das Südtiroler Jagd- und Fischereimuseum untergebracht ist.

## Highlight 10

**Bergbaumuseum Ridnaun-Schneeberg:** Hinter Maiern (15 km), www.bergbaumuseum.it/ridnaun.
Dem Ridnauntal und dem angrenzenden Schneeberg verdankt Sterzing seinen Reichtum und Wohlstand im Mittelalter. Die Talstraße endet kurz hinter dem Dörfchen Maiern. Die ehemalige Erzbereitungsanlage und das frühere Arbeiterhaus im Talschluss beherbergen das sehenswerte Bergbaumuseum mit Schaustollen (April–Okt. Di–So 9.30–16.30 Uhr). Noch interessanter sind die restaurierten Bergwerksanlagen oben in der ehemaligen Knappensiedlung St. Martin am Schneeberg auf 2355 m, zu der ein Lehrpfad in einer anstrengenden Tageswanderung hinaufführt. Von 1200 bis 1986 wurde hier nach Silber geschürft. Das

Freilichtmuseum und die alten Stollen lassen sich am besten im Rahmen einer geführten Exkursion besichtigen, die das Bergbaumuseum organisiert (Ende Juni–Okt. tgl. Start um 7.30, Rückkehr um 17.30 Uhr, Voranmeldung notwendig unter Tel. 04 72 65 63 64).

## Sulden und Trafoi/ Solda e Trafoi (AB5)

Von Prad im Vinschgau strebt das Trafoier Tal gen Südwesten. Im Dörfchen Gomagoi zweigt das Suldental ab. Wie in so vielen Südtiroler Tälern herrschte auch in diesem Talsystem (heute zusammen knapp 4500 Einwohner) unterhalb des Bergmassivs des Ortler noch bis zum vorletzten Jahrhundert bittere Armut. Ausdruck war der alljährliche Auszug der ›Schwabenkinder‹, die jedes Frühjahr in langen Märschen über die meist noch verschneiten Alpenpässe zogen, um sich in Süddeutschland als billige Arbeitskräfte zu verdingen. Mit dem Beginn des Alpintourismus an der Schwelle zum 20. Jh. erlebten aber beide Täler einen wirtschaftlichen Aufschwung. Innerhalb kürzester Zeit entwickelte sich insbesondere Sulden zu einem berühmten Fremdenverkehrsort der österreichischen Monarchie. Heute ist der locker bebaute Ort eines der wichtigsten Wintersportreviere Südtirols.

### Atemberaubende Pass-Straße

Zu den beeindruckendsten Pass-Straßen in den Alpen zählt die Stilfser-Joch-Straße. Sie wurde zwischen 1820 und 1825 erbaut, um eine direkte Verbindung zwischen Tirol und der Lombardei herzustellen, die noch bis 1859 zu Österreich gehörte. Auch heute gilt die Straße mit ihren 87 Serpentinen als verkehrstechnische Meisterleistung. Die schmale Passhöhe am Stilfser Joch auf 2757 m (26 km ab Prad), die im Ersten Weltkrieg Frontlinie war, ist eine Hotelsiedlung und Zentrum des Sommerskigebiets. Über den 3 km entfernten Umbrail-Pass führt eine steile Straße hinab in das schweizerische Münstertal, durch das man in den Südtiroler Vinschgau zurückkehren kann (siehe unter Mals). Die Stilfser-Joch-Straße selbst führt in Kehren bergab zum schönen Gebirgsstädtchen Bormio im Valtellina/Veltlin (18 km ab Stilfser Joch).

### Sehenswert

**Messner Mountain Museum Ortles:** In Sulden, beim Restaurant Yak & Yeti, Mitte Dez.–Ostern und Juni–Mitte Okt. tgl. außer Di 10–18 Uhr. Das unterirdische Museum von Reinhold Messner widmet sich dem Thema Ortler, Eis und Gletscher. Das zweite Museum vom Bergsteiger und Abenteurer, ›Alpine Curiosa‹, neben dem Hotel Post macht seinem Namen alle Ehre und zeigt die wunderlichen Seiten der Bergsteigerei (Juli–Sept. und Nov.–April täglich 9–20 Uhr).

### Sport & Freizeit

**Wandern:** Im Sommer ist der Sulden mit Blick auf den höchsten Berg Südtirols, den Ortler (3905 m), Ausgangspunkt für viele, teilweise sehr anspruchsvolle Bergtouren. Eine Seilbahn (zur Schaubachhütte) und zwei Sessellifte (zum Lengenstein bzw. zur Kanzel) stehen zur Verfügung.

**Radfahren:** Eines der größten Rad-Events in Südtirol ist der ›Radtag‹ am Stilfser Joch, der jedes Jahr im Spätsommer stattfindet. Rund 6000 Teilnehmer schnaufen die 27 km und fast 2000 Höhenmeter zum Pass ohne Zeitlimit hinauf (www.stelviobike.com).
**Ski:** Sommerskigebiet (Juni–Nov.) am Stilfser Joch (www.passostelvio.biz).

**Tourismusverein:** 39029 Sulden, Tel. 04 73 73 70 60, Fax 04 73 61 31 82, www.ortlergebiet.it, Info-Büro auch in Prad.

**Bella Vista***:** In Trafoi, Tel. 04 73 61 17 16, Fax 04 73 61 22 50, www.gustav-thoeni.com, Anfang Juni–Mitte Nov. und Weihnachten–Ostern geöffnet, HP pro Person ab 53 € (ab 40 €).
Familiäres Hotel des Alpin-Olympiasiegers Gustav Thöni mit speziellen Angeboten für Kinder.
**Post****:** In Sulden, Tel. 04 73 61 30 24, Fax 04 73 61 32 24, www.hotelpost.it, Anfang Okt.–Ende Nov. und Juni geschl., HP pro Person ab 62 € (ab 49 €).
Traditionsreiches Hotel im Dorfzentrum mit großem Wellness- und Beauty-Bereich.

**Yak & Jeti:** Tel. 04 73 61 32 66, Anfang Juni–Mitte Okt. und Ende Nov.–Anfang Mai tgl. geöffnet.
Restaurant von Reinhold Messner in einem alten Suldener Berghof mit schönen Stuben; regionale Speisen und Spezialitäten (Hauptgerichte ab 9 €).

**Bus:** Von Mals, Glurns und Spondinig durch das gesamte Trafoier Tal und Suldental; mit Umsteigen am Stilfser Joch auch nach Bormio.

### Das ›Klasen‹

Im Dorf Stilfs, das bis vor wenigen Jahrzehnten noch völlig abgelegen war, ist heute noch das ›Klasen‹ lebendig. Die Wurzeln des alten Brauches reichen weit in die vorchristliche Zeit zurück. Am letzten Samstag vor dem Nikolaustag ziehen wüste Gestalten durch die Gassen. Die ›Schiachn‹ mit ihren Holzmasken sind Boten aus dem Schattenreich. Sie legen schwere Ketten um Frauen und Mädchen und ergreifen so Besitz von ihnen. Die buntscheckigen ›Esel‹ dagegen vertreiben mit ihren Schellen das Dunkle und Böse. Sie zwicken den Mädchen und Frauen in den Oberarm, damit sie gesund bleiben und möglichst viele Kinder bekommen.

## Tauferer Ahrntal/ Valle di Tures e Aurina (J–K 1–3)

Im Norden Brunecks beginnt das Tauferer Ahrntal, das größte Pusterer Seitental. Es handelt sich um ein Talsystem, das sich in zwei Teile gliedert, die im Charakter völlig unterschiedlich sind: Das reiche breite, ausladende **Tauferer Tal** führt vom Brunecker Becken bis zur weiten Ebene des Tauferer Bodens mit dem Hauptort und Tourismuszentrum Sand in Taufers (2200 Einwohner).

Anschließend verengt sich das Tal zur Schlucht und wechselt den Namen in **Ahrntal.** Über Jahrhunderte völlig abgeschieden und von rauem Klima geprägt, hatten die Menschen im nördlichsten Tal Südtirols ein hartes Auskommen, das auch der Kupferbergbau im hintersten Talabschnitt nur wenig mildern konnte.

## 11 Highlight

**Burg Taufers:** www.burgeninstitut.com, nur Führungen, Weihnachten–Mitte Juni Di, Fr und So 15, Mitte Juni–Mitte Juli und Sept.–Okt. tgl. 10, 11, 14, 15.15 und 16.30, Mitte Juli–Ende Aug. tgl. 10, 11.10, 12.15, 13.15, 14, 15.15 und 16.30 Uhr.
Als gewaltige Barriere riegelt die Burganlage den Eingang zum Ahrntal ab. Jahrhundertelang dem Verfall preisgegeben, wurde das Schloss mit seinen 64 repräsentativen Räumen und Sälen in den 1950er Jahren wieder aufgebaut und zählt zu den schönsten Anlagen in Südtirol.

## Sehenswert

**Mineralienmuseum:** In St. Johann, www.mineralienmuseum.com, April–Okt. tgl. 9.30–12 und 15–18.30, Nov.–März tgl. 15–18 Uhr.
Im kleinen Museum werden Bergkristalle wie Amethyste, Smaragde und Sphene aus den Hohen Tauern und Zillertaler Alpen präsentiert und auch verkauft.
**Bergbaumuseum:** In Steinhaus und Prettau, www.bergbaumuseum.it.
Der Kupferbergbau im hintersten Abschnitt des Ahrntales wurde seit dem 15. Jh. betrieben und Ende des 19. Jh. wegen der starken ausländischen Konkurrenz aufgegeben. Das Verwaltungszentrum befand sich in Steinhaus, dessen stattliche Gebäude noch heute von der früheren Bedeutung des Dorfes zeugen. Im vierstöckigen Kornkasten, der um 1700 erbaut wurde und bis 1893 Lebensmittelmagazin für die Knappen war, wird die einzigartige bergbaukundliche Sammlung des Grafen Enzenberg, Enkel des letzten Ahrntaler Montanunternehmers, gezeigt (April–Okt. Di–So 9.30–16.30, Do bis 22, Weihnachten–April Do 15–22, Sa 15–18 und So 14–18 Uhr). Die früheren Erzstätten in Prettau im Talschluss sind jetzt ein sehenswertes Schaubergwerk, dessen Stollen im Rahmen von Führungen per elektrischer Grubenbahn und zu Fuß besichtigt werden (April–Okt. Di–So 9.30–16.30 Uhr). In einem der Stollen ist eine Asthma-Therapiestation eingerichtet, da die pollenfreie Luft Hilfe bei Atemwegserkrankungen verspricht (www.ich-atme.com).

## Sport & Freizeit

**Wandern:** Individuelle und geführte Wanderungen im Naturpark Rieserferner-Ahrn (Juni–Mitte Okt.; Anmeldung bei den Tourismusvereinen des Tales). Hans Kammerlander, der nach Reinhold Messner berühmteste Bergsteiger Südtirols, veranstaltet regelmäßig Touren, die er selbst begleitet (Info: Büro Hans Kammerlander, Sand in Taufers, Tel. und Fax 04 74 69 00 12, www.kammerlander.com).
**Reiten:** Die Western Horse Ranch in Luttach (Tel. 33 55 38 90 99, www.pferdetrekking.it) organisiert von Mai bis Mitte Okt. geführte Trekkingwochen in den Ahrntaler Bergen; auch Stunden-, Halbtages- und Tagesritte, Wintertouren und Ponyreiten für Kinder.
**Rafting:** Touren für Anfänger, Fortgeschrittene und Kinder auf dem Talfluss sowie auf Rienz und Eisack bei River Tours Südtirol in Gais (Tel. 33 56 92 96 65, www.suedtirol-river-tours.com).
**Eisklettern:** Die hohen vereisten Wasserfälle im Reintal sind für Anfänger zu schwierig, zum Üben eignet sich aber der künstliche, 18 m hohe Eisturm im Dorf Rein (Dez.–Anfang März, Mi ab 21

**Beim Brotbacken auf dem Lahnerhof im Ahrntal**

Uhr und So ab 16 Uhr, Ausrüstung wird gestellt).

## Feste & Unterhaltung

**Käsefestival:** Mitte März werden im Tubis-Zentrum in Sand in Taufers einheimische und internationale Käsesorten präsentiert, verkostet und verkauft (www.kaesefestival.com).

**Tourismusverband:** 39030 Steinhaus, Tel. 04 74 65 20 81, Fax 04 74 65 20 82, www.tauferer.ahrntal.com. Infobüros in Sand in Taufers, Gais, Mühlwald, Luttach, Steinhaus und Prettau.

**Kasern***:** Tel. 04 74 65 41 85, Fax 04 74 65 41 90, www.kasern.it, Nov.–20. Dez. geschl., HP pro Person ab 57 € (41 €).
Das nette Hotel liegt im hintersten Eck des Ahrntales am Ende der Straße und blickt auf eine 500-jährige Tradition als Hospiz und Gasthof zurück; im Restaurant (Nebensaison Mi Ruhetag) werden Südtiroler und italienische Speisen serviert.

**Alte Mühle****:** In Sand in Taufers, Tel. 04 74 67 80 77, Fax 04 74 67 95 68, www.alte-muehle.it, 2. April-Hälfte und Nov. geschl., VP pro Person ab 85 € (71 €).
Romantisches Hotel in einer früheren Kornmühle mit Wellness-Angeboten; im Restaurant (in der Woche nur abends geöffnet, Di Ruhetag) werden feine italienische und regionale Speisen serviert

## Dolomiten-Höhenwege

Insgesamt gibt es 10 Dolomiten-Höhenwege, die die ›Bleichen Berge‹ als Fernwanderwege durchziehen. Einige der Routen sind bergtechnisch so schwierig, dass sie nur erfahrenen, gut ausgerüsteten Bergwanderern vorbehalten bleiben. Aber die beiden ersten Etappen des Dolomiten-Höhenwegs Nr. 9 sind relativ leicht und bieten sich für ein ›Schnupperwandern‹ an, um einen Eindruck von der Faszination des Weitwanderns zu bekommen. Startpunkt ist Tiers (Bus von Bozen). Über Weisslahnbad geht es durch das Tschamintal zur Grasleitenhütte und über den Molignonpass zur Berghütte Tierser Alpl (ca. 5 Std., Übernachtung). Am nächsten Tag führt die Tour an der Plattkofelhütte vorbei auf dem aussichtsreichen Friedrich-August-Weg zum Sellajochhaus. Von hier verkehrt ein Linienbus über St. Ulrich nach Brixen mit Anschluss nach Bozen.

(Hauptgericht: 18 €); Schauküche mit Kochkurs.
**Linderhof****S:** In Steinhaus, Tel. 04 74 65 21 90, Fax 04 74 65 24 14, www.linderhof.it, ganzjährig, HP pro Person ab 118 € (93 €). Gepflegtes Haus mit großem Wellness-Angebot; Familie Steger führt auch das benachbarte Hotel Alpenschlössl.

**Leuchtturm:** In Sand in Taufers, Tel. 04 74 67 81 43, Fax 04 74 68 68 30, 2. Juni-Hälfte, Do und Fr Mittag geschl.
Überraschend für einen Bergort ist die maritime Dekoration des ausgezeichneten Restaurants; kreative Küche, die lokale, mediterrane und asiatische Elemente miteinander verbindet (Hauptgericht: 18 €).

**Bus:** Nach Bruneck durch das gesamte Tal bis Kasern und (selten) von Sand in Taufers in die Seitentäler bis Lappach, Rein und Weissenbach.

## Tiers/Tires (G6)

Allzu viel hat sich in den letzten Jahren nicht geändert im Tierser Tal. Es gehört immer noch zu den beschaulichen Tälern der Bleichen Berge. Anmutig schmiegt sich das propere Dorf (900 Einwohner) an den Sonnenhang und blickt auf die berühmten Spitzen und Grate der Dolomiten, die jedes Bergsteigerherz höher schlagen lassen. Zur rührigen Gemeinde gehören auch der weiter oben im Tal gelegene Weiler St. Zyprian mit der spätromanischen Kapelle und das alte ›Bauernbadl‹ Weisslahnbad.

### Sehenswert

**St. Katharina:** Die gut erhaltenen Außenfresken des Kirchleins aus dem 15. Jh. (2,5 km, an der Straße nach Bozen) sind der bedeutendste Kunstschatz des Tales.

### Sport & Freizeit

**Wandern:** Touren im Naturpark Schlern, z. B. durch das Tschamintal oder auf die Völseggspitze (2,5 Std., Weg Nr. 4) mit Aussicht bis in den Bozner Talkessel, am Bergfuß lockt die Tschafonhütte zur Einkehr. Auch geführte naturkundliche Wanderungen

Mitte Mai–Mitte Sept., Anmeldung beim Tourismusverein.

**Tourismusverein:** 39050 Tiers, Tel. 04 71 64 21 27, Fax 04 71 64 20 05, www.tiers-rosengarten.com.

**Weisslahnbad***:** Tel. 04 71 64 21 26, Fax 04 71 64 20 33, www.weisslahnbad.com, Mai–Anfang Nov. und Weihnachten–Anfang Jan. geöffnet, DZ 80 € (68 €).
Das traditionsreiche Badegasthaus am Beginn des Tschamintales besitzt eine eigene Heilquelle und moderne Bade-/Wellness-Einrichtungen.
**Cyprianerhof****:** In St. Zyprian, Tel. 04 71 64 21 43, Fax 04 71 64 21 41, www.cyprianerhof.com, April–Mitte Nov. und Weihnachten–Mitte März geöffnet, DZ 138 € (98 €).
Das komfortable, schön gelegene Hotel bietet 5 x die Woche geführte Touren an; Restaurant mit gehobener einheimisch-italienischer Küche (Hauptgericht ab 14 €).

**Tschamin Schwaige:** Am Beginn des Tschamintales, Tel. 04 71 64 20 10, Mai–Anfang Nov. tgl. geöffnet.
Das freundliche Gasthaus mit Terrasse ist idealer Einkehrplatz am Ende einer Wanderung; bodenständige Speisen (Hauptgericht ab 8 €), köstliche hausgemachte Kuchen und Säfte.

**Bus:** Nach Bozen, St. Zyprian, Karerpass, Völs, Seis.

12

## Highlight

**Rosengarten:** *Enrosadüra* – so poetisch nennen die Ladiner das Naturschauspiel, wenn die fahlweißen Wände und Spitzen der Dolomiten in der Abendsonne rot aufleuchten. Im Wort klingt die mythische Welt des Fanesreiches aus vorromanischen Zeiten nach, das einst hier bestanden haben soll. Dem Zwergenkönig Laurin gehörte einst ein prächtiger Rosengarten. Aus Liebeskummer verfluchte er die Rosen: Bei Tag und bei Nacht sollen sie zu Stein werden. Aber an die Dämmerung hat der Zwergenkönig nicht gedacht. Seitdem leuchtet der verwunschene Garten zwischen Tag und Nacht rot auf. Den versteinerten Rosengarten in den Dolomiten gibt es noch heute. Bereits von Bozen aus ist dieses eindrucksvolle Bergmassiv zwischen Tierser Tal und Val di Fassa zu sehen. Von der Rosengartenhütte (Lift von der Frommeralm an der Panoramastraße zwischen Niger- und Karerpass) führt der Hirzlweg ohne größere Höhenunterschiede unterhalb der Wandfluchten des Rosengartens in 1,5 Std. zur Paolina-Hütte (Lift zum Feriendorf Karerpass).

# Toblach/Dobbiaco (L4)

Das große Dorf am Toblacher Sattel (3300 Einwohner), dem höchsten Punkt des Pusterer Talbodens, blickt auf eine über 100-jährige Fremdenverkehrstradition zurück. Für den damaligen Adel und das Großbürgertum war Toblach europaweit Inbegriff für die standesgemäße Erholung. In Alt-Toblach, nördlich der Pustertaler Staatsstraße, hat sich noch etwas vom Dorfcharakter erhalten, während im südlich gelegenen Neu-Toblach die Hotels dominieren. Mit dem Toblacher und dem Dürrensee, die allerdings zum Baden zu kalt sind, besitzt die Gemeinde zwei schöne nahe Ausflugsziele.

Ein Bad ist hier nur etwas für Abgehärtete – Wuhnleger mit Rosengarten

## Sehenswert

**Pfarrkirche:** Der große Bau im alten Dorfkern präsentiert sich mit ansehnlichen spätbarocken Deckenfresken (tgl. 7–20 Uhr). In Nähe der Kirche beginnt ein Kreuzweg mit fünf Bildstöcken (frühes 16. Jh.), der vermutlich der älteste in Tirol ist.

**Grandhotel:** Als Zeugnis der glanzvollen touristischen Vergangenheit wurde der riesige Komplex des früheren Nobelhotels aus dem 19. Jh. stilvoll restauriert (www.grandhotel-toblach.com). Heute beherbergt der Bau ein Kultur- und Tagungszentrum, das Naturparkhaus mit einer Ausstellung (Mai–Okt. und Weihnachten–Mitte März Di–Sa 9–12 und 15–18 Uhr, im Juli und Aug. auch So) sowie eine Jugendherberge.

**Komponierhäuschen:** In Altschluderbach (2 km), ganzjährig Sa 10–12 Uhr, Juli–Sept. auch Di.
Der berühmte Komponist Gustav Mahler verbrachte von 1908 bis 1910 die Sommermonate auf dem Trenkerhof, wo er seine letzten großen Kompositionen schuf.

## Sport & Freizeit

**Wandern:** Toblach bzw. Niederdorf sind Ausgangspunkt des schwierigen und anstrengenden ›Dolomiten-Höhenweges Nr. 3‹, der in 8–10 Tagesetappen nach Longarone im Belluneser Piavetal führt.

**Radfahren:** Tour nach Cortina: s. Extra-Tour 2; Toblach liegt am Pustertaler Radweg, der vom österreichischen

Lienz bis Vintl kurz vor dem Eisacktal befahrbar ist. Radverleih: Strobl, Dolomitenstr. (neben dem Tourismusverein), Tel. 04 74 97 25 83 und Papin Sport (am Bahnhof), Tel. 04 74 91 34 50.
**Ski:** Toblach ist Start zweier großer Langlaufwettbewerbe, des Pustertaler Ski-Marathons im Januar (www.ski-marathon.com) und des Volkslanglaufs zwischen Toblach und Cortina im Februar (www.dobbiacocortina.org).

## Einkaufen

**Schaukäserei Drei Zinnen:** Pustertaler Str., ganzjährig Di–Sa 8–19, So 10–18 Uhr.
In den neuen Räumen der Sennerei Toblach wird den Besuchern die Herkunft und Verarbeitung der Milch zu Käse gezeigt. Die ausgezeichneten lokalen Käsesorten und die gute Milch können auch verkostet und gekauft werden.

## Feste & Unterhaltung

**Gustav-Mahler-Musikwochen:** Alljährlich im Juli und Anfang August finden die überregional bedeutenden Konzerte im Grandhotel statt. Das Programm kann unter www.gustav-mahler.it abgerufen werden.

**Tourismusverein:** Dolomitenstr. 3 (= Pustertaler Staatsstr.), 39034 Toblach, Tel. 04 74 97 21 32, Fax 04 74 97 27 30, www.toblach.info.

**Jugendherberge:** Dolomitenstr. 29, Tel. 04 74 97 62 16, Fax 04 74 97 37 54, www.toblach.jugendherberge.it, pro Person ab 19,80 € (17 €).
In Neu-Toblach im ehemaligen Grandhotel; Mehrbettzimmer mit und ohne eigene Sanitäreinrichtungen.

**Café Sport Garni**:** Alt-Toblach, Kirchplatz 4, Tel./Fax 04 74 97 21 79, zwei Wochen im Mai/Juni geschl., DZ 60 € (50 €).
Die Frühstückspension der freundlichen Familie Unterhuber-Filippi liegt ganz zentral in Alt-Toblach.
**Baur am See**:** Direkt am Toblacher See (3 km), Tel. 04 74 97 21 06, Fax 04 74 97 26 28, www.hoteltrecime.com, Juni–Sept. und Weihnachten–März geöffnet, HP pro Person 65 € (39 €).
Besonders schön sind selbstverständlich die Zimmer zum See.
**Santer****:** Neu-Toblach, Alemagnastr. 4, Tel. 04 74 97 21 42, Fax 04 74 97 27 97, www.hotel-santer.com, erste Mai-Hälfte und Nov. geschl., DZ 160 € (134 €).
Das ansprechende Hotel mit seiner guten Wellness-Abteilung ist das beste Haus im Ort und befindet sich am südlichen Rand von Neu-Toblach.

**Winkelkeller:** Graf-Künigl-Str. 8, Tel. 04 74 97 20 22, Mi Ruhetag.
Das Restaurant in einem alten Bauernhaus am Zentrumsrand von Alt-Toblach pflegt verfeinerte einheimische Küche (Hauptgericht ab 11 €, als Spezialität Lammkoteletts in Heu gebraten 15 €).
**Seeschupfe:** Tel. 04 74 97 22 94, Nov. geschl., Mo Ruhetag.
Abends kann es sehr romantisch werden im rustikalen Restaurant am Toblacher See; Südtiroler Küche (Fischgericht ab 10 €), große Terrasse.
**Artcafé:** Graf-Künigl-Str. 4, Tel. 04 74 97 20 90, Ende Okt./Anfang Nov. geschl., in der Nebensaison So Ruhetag.
Netter Treffpunkt im Haus des Toblacher Postamtes; wechselnde (Verkaufs-)Ausstellungen.

**Bahnhof:** In Neu-Toblach, Züge nach Bruneck, Franzensfeste, Brixen, Innichen, Lienz.
**Bus:** Buslinie durch das gesamte Pustertal sowie Busse nach Prags, Cortina und Auronzo-Hütte/Drei Zinnen.

## Ziele in der Umgebung

**Fremdenverkehrsmuseum:** In Niederdorf (4 km), Juli–Sept. Di–So 16–19, Dez.–Feb. sowie Mai und Juni Fr, So 16–19, Sa 9–12 und 16–19 Uhr. Mit alten Karten, Hüttenbüchern und vergilbten Gästeverzeichnissen erinnert die Ausstellung im herrschaftlichen Haus Wassermann an die Anfänge des Pustertaler Tourismus.
**Schloss Welsberg:** In Welsberg (10 km), Juli–Mitte Sept. Mo–Fr 9.30–12 und 16–18.30, So 16–18.30, 2. Sept.-Hälfte Mo–Fr 15–17 Uhr. Über dem Dorf erhebt sich die eindrucksvolle Burganlage, die durch ihren hohen Turm auffällt; in unregelmäßigen Abständen Konzerte und Ausstellungen.
**Cortina d'Ampezzo:** Die heimliche Hauptstadt der Dolomiten (6900 Einwohner) in der Nachbarprovinz Belluno ist durch das Höhlensteintal und Valle d'Ampezzo auf guter Straße leicht zu erreichen (34 km, Bus). Das Städtchen breitet sich im weiten Talbecken des Bergflusses Boite aus und wird vom beeindruckenden Gipfel-Amphitheater aus Tofane, Nuvolao, Sorapiss und Cristallo umgeben. Innerhalb weniger Jahrzehnte hat sich das frühere Dorf der Holzarbeiter und Hirten zu einem der mondänsten Ferienorte Italiens entwickelt. Weltweit wurde Cortina durch die Olympischen Winterspiele von 1956 bekannt. Auf dem Corso Italia, der Fußgängerzone im Zentrum, flaniert sommers wie winters ein internationales Publikum (www.cortina.dolomiti.org).

# Tramin/Termeno (E7)

Die Gemeinde im Unterland (3100 Einwohner) gilt als die Heimat des Gewürztraminers, des Weißweins mit dem schwelgerischen Bukett. Mit seinen massiven Weinbauernhöfen und zahlreichen Edelsitzen wirkt das Dorf sehr geschlossen und harmonisch.

## Sehenswert

**St. Jacob in Kastelaz:** März–Nov. tgl. 9.30–12 und 14–19 Uhr, Schlüssel im benachbarten Haus der Familie Malojer.
Die kleine unscheinbare Kirche auf dem Hügel oberhalb des Dorfes enthält im Inneren den bedeutendsten Kunstschatz des Unterlandes. Der romanische Freskenzyklus aus dem 13. Jh. mit der Darstellung von Tiermenschen und anderen Fabelwesen ist einmalig in Europa. Die Wandmalereien der gotischen Epoche sind Meisterwerke aus dem 15. Jh.

## Feste & Unterhaltung

Ganz im Zeichen des Weines und speziell des Gewürztraminers stehen natürlich die Veranstaltungen. Im Mai misst sich der berühmte Wein des Dorfes im Rahmen eines großen **Gewürztraminer-Symposions** mit der internationalen Konkurrenz. Der **Weinoktober** lockt mit Weinverkostungen für Jedermann, Besuchen von Weinbauernhöfen, Weinwanderungen, Konzerten und Ausstellungen.

**Tourismusverein:** 39040 Tramin, Tel. 04 71 86 01 31, Fax 04 71 86 08 20, www.tramin.com.

**Traminer Hof***:** Tel. 04 71 86 03 84, Fax 04 71 86 08 44,

www.traminerhof.it, Ende März–Mitte Nov. geöffnet, DZ 104 € (92 €).
Angenehmes Mittelklassehotel, das sich besonders um Mountainbiker kümmert und jede Woche drei MTB-Touren anbietet.

**Zur Rose:** In Kurtatsch (4 km), Tel. 04 71 88 01 16, Juli, So und Mo Mittag geschl.
Das Restaurant in der alten Poststation passt die exquisiten Speisen den Jahreszeiten an (Hauptgericht: 16 €).

**Bus:** Nach Bozen, Kaltern, Eppan, Kurtatsch.

## Ultental/Val d'Ultimo (C6, D6, D5, E5)

Das Ultental ist eine Welt für sich. Es zieht sich von Lana rund 40 km lang hinauf zu den Gletschern des Ortlermassivs. Bis zum Ende des 19. Jh. lag das Tal im Abseits und war kaum zugänglich. Die Holz- und Weidewirtschaft war die Haupterwerbsquelle für die Bevölkerung. Erst 1907 wurde der gefährliche Saumweg durch einen leidlichen Fahrweg ersetzt. Im Zusammenhang mit dem Bau der Wasserkraftanlagen und Stauseen, die den natürlichen Wasserreichtum des Tales zur Energiegewinnung nutzen, wurde dann die Straße ausgebaut und modernisiert. Seitdem hat sich in den vier Dörfern St. Pankraz, St. Walburg, St. Nikolaus und St. Gertraud (zusammen 4600 Einwohner) ein – im Vergleich zum übrigen Burggrafenamt – bescheidener Tourismus entwickelt.

### Sehenswert

Kulturhistorische Sehenswürdigkeiten im strengen Sinn besitzt das Ultental nicht. Das Kapital des Tales ist die noch relativ intakte Bergbauernkultur, die sich in schönen alten Bauernhäusern und überlieferten Bräuchen ausdrückt und die im **Ultener Talmuseum** in St. Nikolaus dokumentiert wird (Mai–Sept. Di, Fr, So 11–12 und 15–17 Uhr, März, April und Okt. nur So 10–12 und 15–17 Uhr) sowie die Schönheiten der Natur wie beispielsweise die 2000-jährigen Lärchen bei St. Gertraud im Talschluss und die beeindruckenden Berge und Seen.

### Sport & Freizeit

**Wandern:** An beiden Talseiten und im Talschluss gibt es vielfältige Tourenmöglichkeiten, die aber nahezu alle mit langen Anstiegen verbunden sind. Relativ einfach ist die Wanderung zum Weißbrunnsee, einem Stausee, hinter St. Gertraud (4 Std. hin und zurück).

**Tourismusverein:** 39016 St. Walburg, Tel. 04 73 79 53 87, Fax 04 73 79 50 49, www.ultental.it.

**Eggwirt***:** In St. Walburg, Tel. 04 73 79 53 19, Fax 04 73 79 54 71, Nov.–Weihnachten geschl., DZ 61 € (56 €).
Schöner altehrwürdiger Gasthof mit traditioneller Küche, die besonders in den alten Gaststuben mundet (Hauptgericht: ab 10 €).

**Bus:** Durch das gesamte Tal bis St. Gertraud und über Lana nach Meran.

## Villnöss/Funes (GH4)

Das Villnösstal (2400 Einwohner), in dem Südtirols bekanntester Bergsteiger, Reinhold Messner, geboren wurde, gehört zu den ruhigeren Regionen der Dolomiten. Die landschaftliche Schönheit steht hier noch in Einklang mit der traditionellen Bergbauernkultur. Das Hauptdorf ist St. Peter, wo alle Einrichtungen wie Post, Bank und Tourismusverein zu finden sind. In einer weiten Wiesenmulde vor dem Talschluss liegt St. Magdalena, das bescheidene touristische Zentrum des Tales.

### Sehenswert

**Kirchen:** Kunstgeschichtliche Kleinode sind die drei kleinen Kirchen, die alle außerhalb der Dörfer stehen und auf kleinen Straßen und Wanderwegen zu erreichen sind. In den kleinen Kirchen St. Valentin (Juni–Okt. Di und Do 16–18 Uhr) und St. Jakob (Juni–Okt. Do 16–17 und So 16–18 Uhr) sind spätgotische Flügelaltäre zu bewundern, und das reich bemalte Ranuikirchl im Weiler St. Johann präsentiert sich eindrucksvoll vor den filigranen Felsspitzen der Geisler-Gruppe (Schlüssel im Ranuihof).

**Mineralienmuseum:** Im Vereinshaus des Dorfes Teis, www.mineralien museum-teis.it, April–Anfang Nov. Di–Fr 10–12 und 14–16, Sa, So 14–17 Uhr.

Der Strahler Paul Fischnaller präsentiert seine reiche Sammlung alpiner Mineralien und Bergkristalle, wie z. B. die von außen so völlig unscheinbaren Teiser Kugeln, die man mit ihm im Sommer auf einer 2,5-stündigen Wanderung auch sammeln kann (Termine und Anmeldung über den Tourismusverein).

### Sport & Freizeit

**Wandern:** Absolutes Wander-Highlight ist der Adolf-Munkel-Weg unterhalb der schroffen Nordabstürze der Geisler-Gruppe: Von der Zanser Alm im Talschluss über die Brogleshütte (Einkehr) und hinab nach St. Magdalena sind 5 Std. zu veranschlagen.

### Einkaufen

**Naturwolle:** Im Dorf St. Valentin. Produkte wie Decken und Kissen aus reiner Schafwolle in traditioneller Herstellung und Verarbeitung.

**Tourismusverein:** In 39040 St. Peter, Tel. 04 72 84 01 80, Fax 04 72 84 15 15, www.villnoess.info.

**Kabis***:** In St. Peter, Tel. 04 72 84 01 26, Fax 04 72 84 03 95, www.hotel-kabis.com, Mai–Anfang Nov. geöffnet, DZ 100 € (76 €). Hotel mit 350 Jahre langer Gasthoftradition; schöne Terrasse unter Kastanien mit weiter Aussicht über das Tal und auf die Geisler-Gruppe (Hauptgericht ab 11 €).

**Bus:** Nach Klauen und Brixen und über St. Magdalena hinauf zur Zanser Alm.

## Völs/Fiè (G5)

Vor dem mächtigen Schlernmassiv liegt das ruhige Dorf (2200 Einwohner) auf einem kleinen Hügel oberhalb der Durchgangsstraße. Der Pfarrbezirk, der Dorfplatz und die verwinkelten Gassen bilden eine harmonische Einheit.

### Sehenswert

**Pfarrkirche:** Die größten Kunstschätze sind ein romanisches Kruzifix und ein spätgotischer Flügelaltar, der in einen Altar der Neogotik eingearbeitet ist. In der benachbarten Michaelskapelle befindet sich das kleine Pfarrmuseum (Führungen Juni–Okt. Fr 11 Uhr).

**Wie die alten Rittersleut' – Turnierkämpfe vor Schloss Prösels**

**Schloss Prösels:** 3 km Richtung Bozen, www.schloss-proesels.it, nur Führungen: Mai–Okt. So–Fr 11, 14 und 15, Juni und Sept. zusätzlich 16, Juli und Aug. zusätzlich 10, 16 und 17 Uhr.
In den Grundmauern geht der Bau auf eine mächtige Burg aus dem 12. Jh. zurück, die um 1500 zu einem Renaissanceschloss umgebaut wurde. Nach langem Verfall wurde die Anlage vorbildlich restauriert und ist heute ein stimmungsvoller Ort für Konzerte und Ausstellungen.
**Völser Weiher:** 1,5 km auf kleiner Straße und Wanderweg. Großer, einst zur Karpfenzucht angelegter warmer Moorteich; am Nordrand der Gasthof Völser Weiher mit schöner Terrasse und Jugendstilbildern der Laurinsage im Speisesaal (Mo Ruhetag).

## Sport & Freizeit

Siehe Kastelruth (S. 64)

## Feste & Unterhaltung

**Kuchlkastl:** Im Oktober bieten die Völser Hotels und Restaurants kulinarische Wochen mit einheimischen Spezialitäten an.
**Oswald-von-Wolkenstein-Ritt:** s. S. 64.

**Tourismusverein:** 39050 Völs, Tel. 04 71 72 50 47, Fax 04 71 72 54 88, www.voels.it.

**Völser Heubad***:** Schlernstr. 13, Tel. 04 71 72 50 20, Fax 04 71 72 54 25, www.hotel-heubad.com, Nov.–Mitte Dez. geschl., DZ 154 € (126 €).
Hotel mit liebevoll-moderner Ausstattung; das ›Bad‹ im Heu, das Generationen von Bergbauern zu schätzen wussten, bringt wohlige Entspannung nach einer Wanderung.
**Turm****:** Im Dorfzentrum, Kirchplatz 9, Tel. 04 71 72 50 14, Fax 04 71 72 54 74, www.hotelturm.it, Nov.–Mitte Dez. geschl., DZ ab 198 € (ab 130 €).
Zu Recht wird das romantische Hotel zu den ›Traumhotels‹ gezählt; in Stefan Pramstrahlers Idylle gibt es wohltuende Ruhe, erlesene Kunst und schöne Restaurant-Stuben, in denen feine Speisen auf traditioneller lokaler Basis serviert werden (Hauptgericht ab 18 €).

## Wandern mit Hans Kammerlander

13 Achttausender hat der nach Reinhold Messner berühmteste Bergsteiger Südtirols bestiegen. Nicht so hoch hinaus geht es, wenn Hans Kammerlander (www.kammerlander.com) Urlauber auf Wanderungen begleitet, die er im Sommer anbietet, etwa vom Völser Weiher zum Schlern, über den leichten Maximilian-Klettersteig zum Tierser Alpl und über die Rosszahnscharte nach Compatsch auf der Seiser Alm (ca. 7,5 Std., Anmeldung beim Tourismusverein Steinegg, Tel. 04 71 37 65 74).

**Tschafon:** Tel. 04 71 72 50 24, ganzjährig, Mi Ruhetag.
Im netten Gasthaus an der Durchgangsstraße kocht und brät Chef Manfred Schmid selbst (Hauptgericht ab 12 €), die Pizzen am Abend (ab 4,50 €) schiebt aber der Pizzabäcker in den Ofen; auch günstige Zimmer: DZ 60 € (50 €).

**Bus:** Nach Seis, Kastelruth, Gröden, Tiers, Bozen. Kostenloser Busdienst zur Talstation der Umlaufbahn zur Seiser Alm.

# Welschnofen/ Nova Levante (G6)

Wer von Bozen die düstere, enge Schlucht des Eggenbaches hinauffährt, erwartet nicht, dass sich das Tal oben zu einer Wiesenlandschaft öffnet. Der Namenszusatz ›welsch‹ verrät, dass der Ferienort (1850 Einwohner) kurz vor dem Karerpass auf eine ladinische Gründung im 12. Jh. zurückgeht. Die Schwestergemeinde Deutschnofen (2175 Einwohner) weiter oben auf dem ausgedehnten Höhenzug des Regglberges gründeten dagegen ›deutsche‹ Siedler. Das früher winzige Bergdorf Obereggen unterhalb der filigranen Spitzen und Zacken des Latemar hat sich zu einem bedeutenden Wintersportort entwickelt.

### Sehenswert

**St. Helena:** Von der Straße nach Obereggen (1,5 km von Deutschnofen) führt eine kleine Teerstraße hinauf zum romanischen Kirchlein, das vollständig mit gotischen Fresken ausgemalt ist. Den Schlüssel gibt es in der Jausenstation Kreuzhof daneben, auf deren Bänken sich bei einem Glas Wein der Blick zum Rosengarten und Latemar genießen lässt.

**Karersee:** Nur ganz früh am Morgen oder spät am Nachmittag ist noch der Zauber zu spüren, der den viel besuchten sagenumwobenen See zu einem der schönsten der Dolomiten macht (6 km von Welschnofen).

**Maria Weißenstein:** Das Kloster (10 km von Deutschnofen), das vom Bettelorden der Serviten geführt wird, zählt zu den bedeutendsten Pilgerzielen in Südtirol.

## Sport & Freizeit

**Wandern:** Der nahe Karerpass (Bus und Sessellifte) erschließt das fantastische Wanderrevier am Rosengarten und Latemar.

**Golf:** 18-Loch-Platz in Petersberg (7,5 km von Deutschnofen; www.golfclub-petersberg.it) und 9-Loch-Platz in Nähe des Karersees (7 km von Welschnofen; www.carezzagolf.com).

**Tourismusverband Rosengarten-Latemar:** 39050 Birchabruck, Tel. 04 71 61 03 10, Fax 04 71 61 03 17, www.rosengarten-latemar.com; Info-Büros in Welschnofen, Deutschnofen und Obereggen.

**Berghaus Rosengarten***:** Welschnofen, Tel./Fax 04 71 61 31 23, www.berghaus-rosengarten.com, Mitte Mai–Mitte Okt. und Weihnachten–Ostern geöffnet, DZ ab 86 € (ab 80 €).

Einen wunderschönen Blick auf Rosengarten und Latemar hat man von der Terrasse und den Zimmern der freundlichen Pension am oberen Dorfrand.

**Stern***:** Deutschnofen, Tel. 04 71 61 65 18, Fax 04 71 61 67 66, www.hotel-stern.it, ganzjährig, 90 € (66 €).

Bei Wanderern auf dem Europäischen Fernwanderweg Nr. 5 erfreut sich der traditionsreiche Gasthof im Dorfzentrum großer Beliebtheit.

**Posthotel Weißes Rössl****:** Welschnofen, Tel. 04 71 61 31 13, Fax 04 71 61 33 90, www.postcavallino.com, Juni–Mitte Okt. und Weihnachten–März geöffnet, DZ 216 € (136 €).

Das komfortable Haus mit Hallenbad, Wellness-Bereich und Pool liegt etwas außerhalb des Dorfes an der Straße zum Karersee; gepflegtes Restaurant.

**Marion:** Welschnofen, Wirtsweg 4, Tel. 04 71 61 30 59, Juni und Nov. geschl., Di Ruhetag.

Das unauffällige Restaurant in der Nebengasse ist ein Grill-Dorado: Steaks vom Schwein und Strauß, frische Bachforellen, aber es gibt auch Pasta und Salate (Hauptgericht 14 €).

**Bus:** Linienbusse von Welschnofen nach Bozen, Karersee, Karerpass und ins Fassatal, von Deutschnofen nach Bozen, Maria Weißenstein und Obereggen.

## Ziele in der Umgebung

**Val di Fassa/Fassatal:** Über den Karerpass ist das ladinischsprachige Dolomiten-Tal in der Nachbarprovinz Trentino leicht erreichbar. Im Winter ist das Val di Fassa das größte Wintersportgebiet des Trentino und im Sommer ein ausgezeichnetes Wanderrevier. Hauptort ist das quirlige Canazei (30 km). Einen Besuch wert ist auch das Museo Ladino de Fascia in Vigo di Fassa, das in einer umfangreichen Ausstellung Zeugnisse der rätoromanisch-ladinischen Kultur präsentiert (www.istladin.net; Mitte Juni–Mitte Sept. tgl. 10–12.30 und 15–19 Uhr).

# Extra-

Südtirols Kultur und Geschichte erkunden:

1. Rund um die Drei Zinnen

2. Mit dem Rad von Toblach nach Cortina

**Alle Touren sind auf dem großen Faltplan eingezeichnet**

# Touren

3. Ladinische Kultur am Sella-Stock
4. Auf den Spuren von Andreas Hofer
5. Die Waale des Vinschgau

# Tour 1



## Rund um die Drei Zinnen

Es gibt kaum ein anderes Motiv in den Dolomiten, das so oft fotografiert wird wie die Drei Zinnen. Die wuchtigen Felstürme sind ein, wenn nicht gar *das* Wahrzeichen Südtirols.

Es gibt mehrere Wege hinauf. Die Wanderung von Sexten durch das Fischlein- und Altensteintal ist wunderschön, aber lang und anstrengend. Etwa 3 Std. müssen vom Hotel Dolomitenhof, der Endhaltestelle des Talbusses, hoch zur Drei-Zinnen-Hütte veranschlagt werden. Für die einfache Strecke! Vom Süden, vom Belluneser Gebiet, führt vom Lago di Misurina eine geteerte Straße hinauf zum Rifugio Auronzo auf 2320 m Höhe am Fuß der Drei Zinnen. Die Benutzung der 7,5 km langen, gut ausgebauten, aber sehr steilen Serpentinenstraße ist allerdings mautpflichtig. Preiswerter kommt man mit öffentlichen Bussen hinauf. Von Toblach und auch von Cortina d'Ampezzo verkehren regelmäßig Linienbusse zum Rifugio Auronzo.

### Zu Anfang ein Spaziergang

Wer an den Drei Zinnen die Bergeinsamkeit sucht, ist fehl am Platz. Um den riesigen Besucherandrang zu bewältigen, wurden knapp unterhalb der Auronzo-Hütte große Parkplätze in mehreren Ebenen in den Hang planiert. Der erste Abschnitt der Rundtour um das Bergmassiv gleicht denn auch mehr einem Sonntagsspaziergang als einer Bergtour. Auf dem breiten, fast ebenen Weg Nr. 101, einst ein Versorgungsweg für die Front im Dolomiten-Krieg, sind neben gut ausgerüsteten Fernwanderern und Bergsteigern auch Ausflügler in Turn- und Straßenschuhen unterwegs. Es sollen sogar schon Damen in Stöckelschuhen gesichtet worden sein. Der Blick hinauf zur Westlichen und zur Großen Zinne ist etwas enttäuschend, denn das Bergmassiv zeigt von Süden nicht seine prominente Schauseite.

Rasch ist die **Capella degli Alpini** erreicht. Das Kirchlein wurde 1916 vom CAI Cadore und von Alpini-Soldaten errichtet. Ein Gedenkstein erinnert an Paul Grohmann, der zusammen mit den Bergführern Franz Innerkofler und Peter Salcher 1869 erstmals die Große Zinne bestieg. Die beiden Säulen am Rand des Abhangs verherrlichen die Erfolge der italienischen Armee.

### Auf den Paternsattel

Bis zum Rifugio Lavaredo geht es fast eben weiter. Dann kommt der erste Anstieg. In Serpentinen zieht sich der Weg Nr. 101 nun hinauf zum **Paternsattel** auf 2454 m Höhe unterhalb der Kleinen Zinne. Lange galt der Gipfel als unbesteigbar. Michael und Johann Innerkofler bezwangen die fast lotrechte Steilwand im Jahr 1881. Mit etwas Glück lässt sich vom Pass aus gerade eine Seilschaft beobachten. Im Ersten Weltkrieg war das Bergmassiv hart umkämpft und der Übergang lag in der unmittelbaren Kampfzone. Noch heute finden sich in den Felsen Reste italienischer Stellungen.

## Drei-Zinnen-Hütte

Der Paternsattel ist die Grenze zwischen dem Belluno und Südtirol. Der weiterhin breite Weg Nr. 101 führt im leichten Auf und Ab am Rand des Zinnenplateaus und unterhalb des Hangs des Paternkofels entlang und erreicht in einer letzten Steigung die **Drei-Zinnen-Hütte** auf dem Toblinger Riedl (ca. 1,5 Std.). Hier ist das Bergmassiv von seiner fotogenen ›Schokoladenseite‹ zu sehen. Wer genau hinschaut erkennt, dass die Drei Zinnen eigentlich aus fünf Gipfeln bestehen. Die große, oft überfüllte Berghütte wurde 1883 erbaut, im Ersten Weltkrieg zerstört und 1937 neu errichtet.

## Und mühsam auf die Langenahn

Die zweite Hälfte der Rundtour ist weniger stark begangen. Die meisten Ausflügler kehren auf dem Hinweg zurück. Ruhiger und schöner führt der Weg Nr. 105 in Kehren hinab in den Rienzboden.

Der folgende Anstieg hinauf zur **Langenalm** hat es dafür in sich. Als Belohnung für die Mühe gibt es einen idealen Rastplatz an den Zinnenseen mit einem Prachtblick auf das Massiv. Über einen namenlosen Sattel unterhalb des Zinnenkopfes, der westlichsten Spitze der Drei Zinnen, werden die Forcella del Col de Mezzo und die Provinzgrenze zum Belluno erreicht. Tief unten liegt der Lago di Misurina. Entlang eines Steilabhangs führt der Weg zurück zu den Parkplätzen am Rifugio Auronzo.

Auf der Rückfahrt lohnt die Einkehr in die **Malga Rin Bianco,** etwa auf halber Strecke/Nähe Mautstraße (10–23 Uhr geöffnet, Mi Ruhetag, Mai, Nov. geschl.). Bei herrlicher Aussicht und bei hausgemachten Gnocchi in Rehsoße kann der Bergtag ausklingen.

## Tour-Info

**Anfahrt:** Mit dem **PKW:** Von der Staatsstraße Nr. 51/48b, die von Toblach im Südtiroler Pustertal über den Passo Tre Croci nach Cortina d'Ampezzo verläuft, zweigt am Lago di Misurina eine asphaltierte mautpflichtige Stichstraße ab, die hinauf zum Rifugio Auronzo führt.
**Öffentliche Verkehrsmittel:** Das Rifugio Auronzo wird mehrmals täglich von den Bussen der Belluneser ›Dolomitibus‹-Gesellschaft (www.dolomitibus.it) aus Cortina d'Ampezzo und von den Südtiroler SAD-Bussen (www.sii.bz.it) aus Toblach angefahren.
**Länge:** Für die etwa 9 km lange Rundwanderung muss man ca. 3,5 Std. veranschlagen, 250 Höhenmeter müssen im An- und Abstieg überwunden werden.
**Einkehrmöglichkeiten:** Rifugio Auronzo, Rifugio Lavaredo, Drei-Zinnen-Hütte und bei der An- oder Abfahrt Malga Rin Bianco an der Mautstraße.
**Wanderkarten:** Tabacco Blatt 010, Kompass Blatt 55 oder 57.

Tour 2

Eine Rast darf auch mal sein …

## Mit dem Rad von Toblach nach Cortina

In den letzten Jahren sind in den großen Talsystemen – an Eisack und Etsch und im Pustertal – leichtere Radrouten entstanden, die auch weniger konditionsstarke Radwanderer gut bewältigen können. Zu den schönsten Strecken zählt die Tour von Toblach durch das Höhlensteintal und das Valle d'Ampezzo nach Cortina d'Ampezzo.

32 km ist die Radwanderung lang. Gute 300 Höhenmeter müssen bis zum höchsten Punkt, dem Passo di Cimabanche auf halber Strecke, bewältigt werden. Dann geht es wieder rund 300 m hinab in die Olympiastadt Cortina. Das reicht für einen genussvollen Tagesausflug.

Bleibt das Problem des Rücktransports der Räder. Leider ist nicht immer gewährleistet, dass die Bikes in den Linienbussen der SAD nach Toblach zurück mitgenommen werden. Aber es gibt eine sichere Lösung: Direkt neben dem Toblacher Verkehrsverein hat die Familie Strobl ihr Büro. Der Bergführer vermietet auch Fahrräder. Ein Mountainbike kostet bei ihm 15,50 € pro Tag. Gegen einen Aufschlag von 5 € können die Räder bei der Partnerfirma Mountain Bike Center in Cortina abgegeben werden, so dass man ohne Probleme und Räder in Cortina in den SAD-Bus einsteigen und nach Toblach zurückkehren kann.

### Auf der alten Bahntrasse

Vom Radverleih der Familie Strobl führt die Strecke auf der Dolomitenstraße nach Süden durch Neu-Toblach und kreuzt bald die Eisenbahnlinie durch das Pustertal. Kurz hinter dem Toblacher Grandhotel beginnt die ausgeschilderte Radroute.

Auf einem Teersträßchen geht es zunächst durch Wiesen, dann ist die alte stillgelegte Bahntrasse nach Cortina erreicht, die zum Radweg umgewandelt wurde. Mit einer moderaten, gleich bleibenden Steigung von circa 2 % zieht sich der breite Feinschotterweg durch den Wald. Größere Steigungen konnten die Dampfloks früher nicht bewältigen.

### Durch das Höhlensteintal

Nach einer guten halben Stunde lockt der erste Zwischenstopp, der **Toblacher See.** Den Sprung ins Wasser werden aber nur Abgehärtete wagen, denn auch im Hochsommer erwärmt sich der Bergsee nicht über 15 °C. Früh am Vormittag sind die Terrassen der beiden Seerestaurants noch leer.

Anschließend wird das **Höhlensteintal** enger, und die Felswände rücken bedrohlich eng zusammen. Parallel zur Straße führt der Radweg am **Soldatenfriedhof Nasswand** vorbei.

Für die nächsten Kilometer ist der Radelspaß dann erst einmal vorbei, denn – erstaunlich für das reiche Südtirol – derzeit fehlt das Geld für den Weiterbau des Radwegs. Die folgende Strecke auf der alten Bahntrasse führt über Geröll und durch feuchte Wiesen. Nur hartgesottene Mountainbiker werden nicht vom Rad steigen. So ist es besser, die Straße zu nehmen. Der Verkehr hält sich in Grenzen, nur in der Hochsaison, im August, reiht sich hier Auto an Auto.

Vorbei am **Hotel Drei Zinnen** und dem **Dürrensee** geht die Fahrt auf der Straße bis zum Abzweig nach Misurina. Hier nach links und für 250 m kräftig bergan. Der zweite Waldweg nach der Bushaltestelle ist die Bahntrasse, die nun als Radroute wieder gut zu befahren ist.

## Rast am Pass

Wer gut plant, ist genau zur Mittagszeit an der Provinzgrenze zwischen Südtirol und dem Belluno, dem **Passo di Cimabanche** (1525 m über NN). Einladend mit Terrasse und offenem Grill wartet direkt am Radweg das gleichnamige Restaurant (Tel. 04 74 97 24 42, Ende Mai–Anfang Okt. geöffnet) auf knurrende Mägen und ausgetrocknete Kehlen.

Auch mit vollem Bauch ist der Weiterweg kein Problem. Der breite geschotterte Radweg ist gut ausgebaut und führt nun nur noch bergab. Kurz nach **Ospitale,** einer Pilger- und Handelsstation aus dem 13. Jh., die sich oberhalb der Bahntrasse an der Straße befindet, schwenkt die Trasse nach Süden ins **Valle d'Ampezzo** und überwindet in einem Tunnel die Steilstufe des Tales. Bald öffnet sich die Landschaft und gibt den Blick auf die Gipfel der Tofane frei. Cortina rückt immer näher. Nun ist der Radweg asphaltiert.

Sobald im Ortsteil **Verocai** eine kleine Straße, an der Müllcontainer stehen, gekreuzt wird, gilt es aufzupassen, denn am Mountain Bike Center kann man leicht vorbeirollen: Noch 200 m auf dem Radweg, dann befindet sich rechts die Abgabestation für die Räder. Weitere 300 m stadteinwärts liegt der alte Bahnhof von **Cortina d'Ampezzo** (s. S. 100), wo auch der Bus zurück nach Toblach abfährt.

## Tour-Info

**Länge:** Für die 32 km lange Radtour (eine Strecke) sollte ein ganzer Tag eingeplant werden, 320 Höhenmeter müssen im Anstieg und in der Abfahrt bewältigt werden.
**Einkehr:** Am Toblacher See, Hotel Drei Zinnen, am Dürrensee, an der Provinzgrenze zum Belluno, dem Passo di Cimabanche und in Cortina.
**Verkehrsmöglichkeiten:** Die Strecke Cortina–Toblach wird mehrmals am Tag von einen SAD-Linienbus (www.sii.bz.it) bedient, allerdings ist die Radmitnahme nicht gewährleistet, da im Bus nur Platz für 3–4 Räder ist.
**Radverleih in Toblach:**
Strobl, Dolomitenstr. 5 (neben dem Tourismusverein ), Tel. 04 74 97 25 83, www.bergfuehrer toblach.com, und Papin Sport, Bahnhofstraße (am Bahnhof), Tel. 04 74 91 34 50, www.papinsport.com.

# Tour 3

Ladinisches Landesmuseum
in San Martin de Tor

## Ladinische Kultur am Sella-Stock

Mitten in den Dolomiten gibt es ein Land, das auf keiner Landkarte verzeichnet ist: Ladinien. Die Römer nannten die dort lebenden Völker Räter und romanisierten sie. Das Volk und die Kultur der Rätoromanen entstanden. Ihr Siedlungsgebiet reichte einst von der Donau im Norden bis zum Gardasee im Süden, vom St. Gotthard im Westen bis Triest im Osten. Im Gegensatz zum späteren Italienisch zählt Rätoromanisch zu den westromanischen Sprachen und ist in Lautbildung und Wortschatz mit dem Französischen und Spanischen verwandt. Während der Völkerwanderungen wurden die Rätoromanen von germanischen und slawischen Völkern assimiliert bzw. zurückgedrängt, sodass das einheitliche Sprachgebiet zerriss. Heute leben Rätoromanen isoliert im Schweizer Kanton Graubünden, im italienischen Friaul und in den Dolomiten-Tälern von Gherdëina (Grödner Tal), Badia (Gadertal), Fasha (Fassatal) und Fodom (Buchenstein).

### Ladins

Die Rätoromanen der Dolomiten nennen sich selbst *Ladins,* Ladiner. Herzstück ihres Siedlungsgebiets ist der mächtige Gebirgsstock der Sella, an dem alle ladinischen Dolomiten-Täler zusammenstoßen, aber in drei verschiedenen Provinzen liegen: Gröden und das Gadertal in Südtirol, das Fassatal im Trentino und Buchenstein im Belluno. Während die ladinische Sprache und Kultur in Südtirol und auch im Trentino offiziell anerkannt werden und die Ladiner als Minderheit rechtlich und politisch geschützt sind, haben sie im Belluno keine eigenständigen Rechte. So ist die ladinische Sprache in Anpezo, dem Belluneser Gebiet rund um Cortina, in den letzten Jahrzehnten fast verstummt.

### Gherdëina und Badia

Startpunkt der Ronda di Sella, der Rundfahrt durch alle ladinischen Täler, ist Urtijëi (St. Ulrich, s. S. 56) in **Gherdëina.** Mehr als ein *Bon di,* einen ›guten Tag‹, werden Urlauber von der ladinischen Sprache nicht mitbekommen. Denn mit den Touristen parlieren die Ladiner auf Deutsch oder Italienisch. Wer mehr erfahren will, muss das ladinische Kulturinstitut in der Cësa di Ladins besuchen, das mit einem Heimatmuseum über das Ladinische informiert. Eine Zweigstelle, das **Istitut Ladin Micurá de Rü,** befindet sich in Selva (Wolkenstein, s. S. 56).

Kurz hinter der Hotelsiedlung Plan de Gralba zweigt die Staatsstraße

Nr. 243 ab und führt über das Grödner Joch hinüber nach **Badia,** ins Gadertal. Vorbei an Corvara (s. S. 53ff.), La Ila (Stern) und Pedraces lohnt die Fahrt hinauf nach **La Val** (Wengen). Hier, im stillen Tal an der Kreuzkofel-Gruppe, haben sich viele der *Viles* (s. S. 53) erhalten. Zurück im Haupttal führt die Tour nordwärts nach San Martin de Tor, wo sich im Schloss Thurn das **Ladinische Landesmuseum** befindet, das umfassend und mit viel altem bäuerlichen Gerät über die rätoromanische Kultur informiert (s. S. 53).

## Passo di Falzarego und Fodom

Die Fahrt geht zurück nach La Ila, um durch das Tal von San Ciascian (St. Kassian) den **Passo di Falzarego** zu erreichen. Der Name ist auf den habgierigen, ›falschen‹ König – *falso rego* – des sagenhaften Fanesreiches zurückzuführen, das in ladinischen Mythen eine große Rolle spielt. Über den Pass verläuft seit 1909 die kühn trassierte Große Dolomitenstraße von Bozen nach Cortina. Wer ausreichend Zeit hat, kann das **Museo della Grande Guerra sul Piccolo Lagazuoi,** das Freilichtmuseum zum Ersten Weltkrieg, besuchen (s. S. 56).

Auf der Staatsstraße Nr. 48 geht es südwärts 5 km die Kehren hinab. Eine kleine holprige Teerstraße führt zum **Castello di Andraz.** Die noch immer eindrucksvolle Ruine des Schlosses Buchenstein (12. Jh.) beherrscht das gesamte Tal. Die Anlage wird kunstvoll mit Stahl- und Glaselementen restauriert und ist noch nicht vollständig zugänglich.

Hinter dem kleinen Dorf Andràz schwenkt die Straße westwärts ins Tal von Livinallongo, das die Ladiner Fodom nennen. Im schönen Hauptdorf Pieve gibt es das kleine **Museum Museo Ladino Fodom** (im Aug. Mo–Fr 16–19 Uhr, Juli und Sept. nur Di und Do). Im Talschluss liegt **Arabba,** das touristische Zentrum des Tales.

## Fasha

In vielen Kehren windet sich die Staatsstraße Nr. 48 zum Passo Pordoi am Südfuß der Sella hinauf. Auf den höchsten Gipfel der Berggruppe, den **Piz Boè,** kommt man mit der Seilbahn recht leicht hinauf. In ähnlich vielen Serpentinen führt die Straße hinunter nach Canazei im Fassatal. Auch hier versucht man, in einem Museum die ladinische Kultur zu vermitteln (s. S. 105). Über das **Sellajoch** führt die Rundtour wieder zurück ins Grödner Tal.

### Tour-Info

**Länge:** Die Auto- oder Motorradtour ist ca. 160 km lang. Die Straßen sind durchweg gut ausgebaut. Aber die vielen Höhenmeter und die zahlreichen Serpentinen kosten Zeit, so dass ein Tag für die Tour zu veranschlagen ist.
**Mit Bus und Seilbahn:** Die Umrundung des Sellastocks ist für Wanderer auch ohne Auto möglich. Die Verkehrsvereine im Grödner und Gadertal bieten die ›Sella Ronda Card‹ an, mit der man für 16 € (bei allen Tourismusvereinen) einen Tag lang Linienbusse und Seilbahnen rund um das Bergmassiv benutzen kann. Die Zwischenstrecken werden dann zu Fuß zurückgelegt. Im Winter lässt sich die Runde auch per Ski bewältigen. Es gibt auch geführte Touren.
**Einkehr:** In allen Orten und auf den Passhöhen.

Tour 4

Andreas-Hofer-Museum
im ›Sandwirt‹ im Passeiertal

## Auf den Spuren von Andreas Hofer

Andreas Hofer, der Sandwirt aus dem Passeier Tal, ist *der* Tiroler Volksheld. Sein Leben und der ›Tiroler Freiheitskampf‹ gegen die französischen und bayerischen Truppen unter Napoleon Anfang des 19. Jh. wurden zum Mythos verklärt, der bis heute in Südtirol weiterlebt. Dabei waren die Tiroler die Verlierer der Geschichte. Nach anfänglichen Erfolgen wurden Hofer und seine Bauernarmee in der vierten und letzten Schlacht am Bergisel bei Innsbruck vernichtend geschlagen. Hofer musste fliehen und wurde später standrechtlich erschossen. Als Folge des ›Pariser Vertrages› teilten die Siegermächte Frankreich, Italien und Bayern das Land Tirol unter sich auf. Erst als das napoleonische Frankreich 1814/15 von der Allianz fast aller europäischer Staaten besiegt wurde, fiel Tirol wieder an Österreich zurück.

### Leichter Beginn

Die Wanderung, die zu einigen Wirkungsstätten Andreas Hofers führt, beginnt ganz bequem in **Saltaus** im vorderen Passeier Tal. Die Seilbahn bringt uns rasch hinauf nach **Klammeben** auf 1980 m Höhe. Auf einem breiten Weg wandern wir zur **Hirzer Hütte** hinüber und anschließend auf dem breiten Güterweg der Almbauern zur **Hinteregger Alm** und zur benachbarten **Mahdalm** (1 Std.). Neben der Ziffer 1 trägt unser Weg auch die Bezeichnung E 5 für ›Europäischer Fernwanderweg Nr. 5‹, der vom Atlantik über die Alpen zur Adria führt.

### Unterm Prantachkogel lang

Nach der Almhütte geht es dann kräftig zur Sache. Der Steig mit der Nr. 1 erklimmt eine steile Bergschulter. An den Felsstufen müssen wir manchmal mit unseren Händen zupacken. Mit atemberaubenden Tiefblicken hinunter ins Passeier Tal folgen wir dann dem Höhenweg, der im leichten Auf und Ab unterhalb des grünen Kamms des **Prantachkogels** verläuft. Der anspruchsvolle Pfad erfordert unsere ganze Aufmerksamkeit.

Später verliert der Weg allmählich an Höhe, um schließlich in Serpentinen über die abschüssigen Wiesen der **Prantacher Mahd** steil auf das Passeier Tal zuzuführen. Im hier oben noch schütteren Bergwald erzwingen Steine, Baumwurzeln und das extreme Gefälle weiterhin vorsichtiges Gehen. Der Forst wird immer dichter, bis wir zu einer großen Lichtung kommen, die zur Rast einlädt und an der ein einfacher Unterstand für Wanderer steht (3 Std.).

## Verrat und Gefangennahme

Anschließend führt der Weg kaum weniger steil durch den Wald weiter abwärts. Der Forst öffnet sich, und wir haben die Wiesen der **Pfandler Alm** erreicht (3.45 Std.). Am Rand gehen wir zum zweiten Heustadel. Die aus langen Holzstämmen und roh zurechtgeschlagenen Felssteinen errichtete Hütte war das Versteck Andreas Hofers, in das er im bitterkalten Winter des Jahres 1809 nach der verlorenen Schlacht am Bergisel flüchtete. Auf die Ergreifung Hofers war ein Kopfgeld von 1500 Gulden ausgesetzt, eine hohe Summe für die damalige Zeit, in der ein Arbeiter nicht mehr als einen drittel Gulden am Tag verdiente. Hofer wurde denn auch von einem Passeirer Bauern verraten, am 28. Januar 1810 hier verhaftet und keinen Monat später in der Festung von Mantua erschossen.

Am anderen Rand der Wiese steht die **Pfandler Alm,** ein wichtiger Stützpunkt für Fernwanderer und eine gute Gelegenheit zur Einkehr. Anschließend folgen wir weiter dem Weg Nr. 1 talwärts. Später erreichen wir den Gasthof **Pfandler Hof** (4.30 Std.). Hier hielt sich Hofer mit seiner Familie zunächst für einige Tage verborgen, bevor er auf die Pfandler Alm flüchtete. Weiter geht es über die Wiesen bergab. Mehrmals wird das Teersträßchen gekreuzt, das Prantach mit St. Martin unten im Passeier Tal verbindet.

An einem Bildstock, der so genannten **Hofkapelle,** schlagen wir den Waldweg Nr. 3 ein (5 Std.). Vorbei an der Jausenstation **Pfeiftal** und über den wilden **Fartleisbach,** der hier in einem tosenden Wasserfall durch die Gilfenklamm bricht, wandern wir an einem früheren Waal entlang (s. Tour 5, S. 116), der allerdings nicht mehr intakt ist.

## Beim Sandwirt

Am erodierten Bachbett der **Kehlmure** (5.30 Std.) folgen wir dem geschotterten Fahrweg talwärts zu einem asphaltierten Sträßchen, das die Talhöfe miteinander verbindet. Nach rechts erreichen wir bald die Hauptstraße, die durch das Passeier Tal verläuft. Taleinwärts sind wir bald am großen **Gasthaus Sandwirt** (6 Std.), in dem am 22. November 1767 Andreas Hofer geboren wurde. Im Alter von 22 Jahren übernahm Hofer den Gasthof, dessen eigentümlicher Name auf die Überschwemmungen der Passer zurückzuführen ist, die den Talgrund in früheren Zeiten häufig mit Sand und Geröll überflutete. Im früheren Stadel ist das **Museum Passeier – Andreas Hofer** untergebracht (s. S. 80). Vor dem Gasthof befindet sich die **Bushaltestelle**. Wer noch Zeit und Lust hat, kann aber auch in einer guten halben Stunde entlang der Passer nach St. Leonhard hinüberwandern.

## Tour-Info

**Anfahrt:** Mit dem PKW von Meran durch das Passeier Tal nach Saltaus. Dorthin zurück per Bus.
**Bus:** Werktags halbstündlich, sonntags stündlich öffentlicher Bus (www.sii.bz.it) durch das gesamte Passeier Tal.
**Länge:** Die etwa 11 km lange Wanderung dauert ca. 6 Std.; Abstieg von rund 1500 Höhenmetern.
**Einkehr:** Klammeben, Hirzer Hütte, Hinteregger Alm, Mahdalm, Pfandler Alm, Pfandler Hof, Pfeiftal, Sandwirt.
**Wanderkarten:** Tabacco Blatt 039, Kompass Blatt 53.

# Tour 5

Am Waalweg bei Latsch

## Die Waale des Vinschgau

›Waale‹ heißen im trockenen Vinschgau die kleinen, sorgfältig angelegten Bewässerungskanäle, die sich an den Hängen entlangziehen. Ohne Bewässerung gäbe es auf der Sonnenseite des Tales nur kahle Bergflanken mit Trockengrassteppe, stacheligen Pflanzen und Wacholder. Seit der Römerzeit wurde in mühsamer Gemeinschaftsarbeit das weit verzweigte System geschaffen.

In großen Höhen sammelt sich das Wasser in der ›Einkehr‹, der Fassungsstelle. Durch ein Sieb von Treibholz und Geröll gereinigt, wird das Wasser dann im ›Tragwaal‹, offenen Holzrinnen oder befestigten kleinen Kanälen, zu Tal ›getragen‹. Oft müssen die Waale mit abenteuerlichen Konstruktionen an Felswänden vorbeigeführt oder auf schmalen Brücken über Schluchten geleitet werden, um ein möglichst gleichmäßiges, sanftes Gefälle zu erhalten. Unten im Tal wird das Wasser nach strengen Regeln, die oft auf uralte Vereinbarungen zurückgehen, auf die einzelnen Grundstücke verteilt. Der ›Waaler‹ überwacht die Verteilung des Wassers und ist auch für die Pflege der Waale zuständig. Dazu verlaufen an den Waalen schmale Wege.

Leider wurden in den letzten Jahrzehnten fast 80 % der alten Waale durch moderne Wasserleitungen und Beregnungsanlagen ersetzt. Erst spät hat man den kulturhistorischen Wert des alten Bewässerungssystems erkannt und erhält die übrig gebliebenen Waale, auf deren Begleitwegen man herrlich wandern kann.

### Latschanderwaal

Auf der Tagestour werden zwei schöne Waalwege im unteren Vinschgau mit einem Besuch von Schloss Juval kombiniert. Wer ausreichend Zeit hat, kann vor der Wanderung die sehenswerte **Spitalkirche zum Heiligen Geist** am Zentrumsrand von **Latsch** besuchen (s. S. 85). Anschließend geht es auf Nebenstraßen parallel zur Bahnstrecke oder auf der Hauptstraße zur Talstation der Seilbahn (hier großer Parkplatz und Bushaltestelle), die nach St. Martin am Kofel hinaufschwebt. Am Kreisverkehr der nahen Staatsstraße durch den Vinschgau beginnt die eigentliche Wandertour.

Auf Weg Nr. 3 steigen wir aufwärts und erreichen rasch den **Latschanderwaalweg,** in den wir rechts einbiegen. Sacht abwärts verläuft der Weg etwa 20 m oberhalb der Autostraße, deren Lärm anfangs etwas stört. Bänke laden zur Rast und zum Schauen ein, ein paar ausgesetztere Stellen sind mit

Stahltrossen gut gesichert. Teilweise ist der Waal mit Platten abgedeckt.

Kurz vor Kastelbell (45 Min.) öffnet sich der Wald, und wir wandern unter niedrigen Weinpergeln hindurch. Unten sehen wir das **Schloss Kastelbell** (s. S. 85). Nach der ›Waalerhitt‹ führt der Steig durch private Obstgärten. Offiziell ist der Durchgang verboten, aber es hat sich für diese Passage ein Gewohnheitsrecht entwickelt. Auf einer schmalen Brücke geht es über einen Bach und wir folgen weiter den Markierungen (Nr. 3) am Waal entlang. Vor dem nächsten Bach, dem **Galsaunbach,** ist der Latschanderwaalweg zu Ende.

## Schnalswaal

Um den nächsten Waalweg zu erreichen, folgen wir dem Steig Nr. 3 nach links den Hang hinauf und überqueren den Bach. Auf dem Schnalswaalweg (weiterhin Nr. 3) geht es zunächst mäßig steil abwärts, dann ganz sacht bergauf. Leider wird auf diesem ersten Teilstück nicht mehr ständig Wasser durch den Waal geleitet. Bei einem Hof oberhalb von **Tschars** (2 Std.) geht es nach halblinks bergan und dann auf der geteerten Hofstraße mäßig steil bergab. An der Straßengabelung müssen wir nochmals halblinks etliche Höhenmeter bergan bewältigen, um die Fortsetzung des Schnalswaalwegs zu erreichen, der nun wieder nahezu eben verläuft. Jetzt führt der Waal auch Wasser.

Wir wandern bald durch ein sehr trockenes Areal, das für den Vinschgauer Sonnenhang typisch ist. Weit reicht der Blick, und wir erkennen erst jetzt, wie hoch wir gestiegen sind. Der Talgrund ist von geometrisch ausgerichteten Obstplantagen überzogen. Auch die Etsch ist gebändigt und fließt schnurgerade durch das breite Tal. Wir gelangen zur Jausenstation **Sonnenhof** (Ostern–Mitte Juni und 1. Aug.–Ende Okt. 11–17 Uhr geöffnet, Fr geschl.). Die Rast bei einem Brotzeitteller und frisch gepresstem Apfelsaft ist wohlverdient (3 Std.).

## Schloss Juval

Um zum Sommersitz von Reinhold Messner zu gelangen, steigen wir auf dem alten Karrenweg (Nr. 1) kräftig bergan. Wir biegen um ein Eck und sehen **Schloss Juval** vor uns. Knapp unterhalb der Burg befindet sich die Jausenstation **Schlossbauer** (Mi Ruhetag), in der aber mehr Trubel herrscht als im Sonnenhof. Um nach der Schlossbesichtigung (s. S. 87) zur Bushaltestelle zu gelangen, gehen wir auf der kleinen Teerstraße abwärts. Nach etwa 10 Min. nehmen wir links den Fußsteig und steigen zu Reinhold Messners **Restaurant Schlosswirt** hinab (10–22 Uhr, Di Abend und Mi geschl.). Die Bushaltestelle befindet sich am nahen Parkplatz (3.30 Std.).

## Tour-Info

**Anfahrt:** Mit dem **PKW:** Durch den Vinschgau bis Latsch (Parkplatz an der Seilbahntalstation). Rückkehr per Bus oder Bahn.
**Öffentliche Verkehrsmittel:** Bahn oder Bus bis Latsch. Vom Schloss Juval Shuttlebus etwa alle 45 Min. hinab zum Hotel Schnalser Hof zur Haltestelle des SAD-Busses nach Meran bzw. nach Latsch.
**Länge:** Die etwa 11 km lange Wanderung dauert 3,5 bis 4 Std.
**Einkehr:** Sonnenhof, Schlossbauer, Schlosswirt.
**Wanderkarten:** Tabacco Blatt 04, Kompass Blatt 52.

# Register

**A**ldein-Radein 77
Altenburg 62
Altrei 77
Altschluderbach 98
Andraz (Burg) 56, 113
Angeln 28
Anreise 32
Arabba 113
Armentarola 55
Auer 20, 77, 78
Auskunft 32
Autofahren 34
**B**ad Dreikirchen 67
Bahn 35
Behinderte 34
Bergbaumuseum Ridnaun-Schneeberg 91
Bergsteigen 28
Birchabruck 105
Bletterbachschlucht 79
Boymont (Burg) 52
Bozen 19, 20, **38**
Brixen 20, **43**
Bruneck 19, 20, **47**
Buchholz 78
Burg Reifenstein 21
Bus 35
**C**ampill 20
Canazei 105, 113
Castelfeder 78
Cavalese 79
Churburg 21
Comelico 89
Cortina d'Ampezzo 100, 111
Corvara 53, 54, 55
**D**eutschnofen 104, 105
Dolomiten-Höhenweg Nr. 1 81
Dosoledo 89
Drei Zinnen 108
Dürerweg 77, 78
Durnholz 83
Dürrensee 97
**E**inreise 32
Eisacktal-Radweg 90
Enneberg 53
Eppan 51
Erdpyramiden 43
Etschtalradweg 78
**F**ahrplanauskunft 35
Feldthurns 67
Fondo 69
**G**adertal 53
Geld 33
Gesundheit 34
Girlan 20, 51, 52
Gleitschirmfliegen 29
Glurns 71
Golf 29
Graun 72
Grödner Tal 20, **56,** 112
**H**ocheppan (Burg) 51
Höhlensteintal 110
**I**nlineskating 29
Innichen 18, **59**
**J**uval (Schloss) 87, 117
**K**alterer See 61
Kaltern 61
Karersee 105
Karthaus 87
Kastelbell 85
Kastelruth 63
Klausen 65
Kollfuschg 56
Kuppelwies 20
Kurtatsch 101
Kurzras 87
**L**aas 86
Lana 68
Latsch 85, 116
Laurein 69
Lienz 61
**M**als 69
Mareit 91
Maria Saalen 55
Maria Weißenstein (Kloster) 105
Marienberg (Kloster) 69
Martelltal 85
Mendelpass 62
Meran 19, 20, **72**
Meraner Höhenweg 50, 80
Mietwagen 35
Montan 77
Montani (Burg) 85
Montiggler Seen 52
Moos 80, 88, 89
Moos-Schulthaus (Schloss) 52
Münstertal 71
Museo della Grande Guerra sul Piccolo Lagazuoi 56
Müstair 72

**N**aturns 76
Naturpark Rieserferner-Ahrn 94
Naturpark Sextener Dolomiten 88
Neumarkt 77
Neustift (Kloster) 47
Niederdorf 100
Nonsberg 69
Notfall 33
**O**bereggen 104
Öffnungszeiten 34
Oies 55
**P**ádola 89
Paragliding 29
Partschins 79
Partschinser Wasserfall 79
Passeier Tal **80,** 114
Passo di Cimabanche 111
Passo di Falzareggo 113
Pfandler Alm 115
Pfandler Hof 115
Pfundererberg 67
Pieve 113
Piz Boè 113
Prad 19
Prags 81
Pragser Wildsee 81
Prösels (Schloss) 103
Prettau 94
Proveis 69
Pseirer Radweg 81
**R**adfahren 29, 110
Rafting 29
Reifenstein (Burg) 91
Reiten 29
Reschen 72
Reschensee 72
Riffian 80
Rodenegg (Burg) 47
Rodeneck 47
Rosengarten 97
**S**altaus 81, 114
Salten 20
Salurn 79
Sand in Taufers 93, 95, 96
Sandwirt 115
St. Christina 56, 57, 58
St. Felix 69
St. Gertraud 101
St. Jakob 56
St. Johann (Ahrntal) 94
St. Johann (Villnösstal) 102
St. Kassian 56
St. Leonhard (Gadertal) 54
St. Leonhard (Passeier Tal) 80
St. Lorenzen 49
St. Magdalena 102
St. Martin (Passeier Tal) 80, 81
St. Martin (Schneeberg) 91
St. Martin in Thurn 53, 54, 113
St. Michael 51
St. Nikolaus 101
St. Pankraz 101
St. Pauls 20, 51, 52
St. Peter 102
St. Ulrich 56, 58
St. Valentin (Vinschgau) 72
St. Valentin (Villnösstal) 102
St. Vigil 18, 53, 54, 55
St. Walburg 101
St. Zyprian 96, 97
Sarntal 20, **82**
Sarnthein 82
Schenna 83
Schlanders 84
Schlern 64
Schluderns 70, 71
Schmieden 81
Schnalstal 86
Seis 63
Seiser Alm 64
Sexten 88
Sicherheit 33
Skifahren 30
Sonnenburg 49
Steinhaus 94, 96
Stern 55
Sterzing 20, **89**
Stilfs 20, 93
Sulden 92
**T**auferer Ahrntal 93
Taufers (Münstertal) 71
Taufers (Burg, Ahrntal) 94
Taxi 35
Teis 102
Telefonieren 33
Tiers 96
Tirol (Dorf) 49
Toblach 20, **97,** 110
Toblacher See 97, 99, 110
Trafoi 92

Tramin 19, 20, **100**
Trento (Trient) 19, 43
Trostburg 21, 67
Truden 77
Tscherms 68
**U**ltental 20, **101**
Unser Frau in Schnals 87
**V**al di Fassa 105
Vernagt 20, 87
Vigo di Fassa 105
Villnöss 101
Vintl 47
Völlan 68
Völs am Schlern 20, **102**
**W**alten 81
Wandern 28, 114, 116
Wasserspaß 29
Weisslahnbad 96
Wellness 30
Welsberg 100
Welschnofen **104,** 105
Wengen 53, 54, 55, 113
Wintersport 30
Wolkenstein 18, 56
Wolkenstein (Burg) 57

**Bildnachweis**
Titel: Kapelle St. Johann in Ranui
S. 1: Mann in Tracht
S. 6/7: Beim Volksfest im Schlern
S. 36/37: Blick über Völs
S. 106/107: Extrem-Kletterer vor den Drei Zinnen

laif (Köln): Brunner: 28, Galli: 2/3, 9, 60, 90, Heidorn: 108, Kürschner: 24, 95, 106/107, Tophoven: Titel, 31, 51, Westrich: 22, 39
Stankiewicz, Th. (München): 1, 6/7, 8, 12, 14, 17, 18, 36, 46, 57, 63, 67, 71, 74, 83, 86, 103, 112, 114, 116
Stegers, K.W. (Lünen): 98, 110

**Kartografie**
DuMont Reisekartografie, Puchheim
© MAIRDUMONT, Ostfildern

Alle Angaben ohne Gewähr. Für Fehler können wir keine Haftung übernehmen.
**Ihre Anregungen greifen wir gern auf – schnell und unkompliziert.**
DuMont Reiseverlag, Postfach 3151, 73751 Ostfildern, E-Mail: info@dumontreise.de,
Internet: www.dumontreise.de

© 2005 DuMont Reiseverlag, Ostfildern
Alle Rechte vorbehalten
Grafisches Konzept: Groschwitz, Hamburg
Druck: Rasch, Bramsche
Buchbinderische Verarbeitung: Bramscher Buchbinder Betriebe

ISBN 3-7701-6514-4